图解 精益制造 086

交付设计

直伝・トヨタ方式

[日] 中山清孝 著
周迅 译

人民东方出版传媒
东方出版社
The Oriental Press

前　言

　　长期以来，我一直在丰田汽车公司从生产技术和制造技术两个方面探索提高汽车制造效率的方法。众所周知，汽车是由很多零件紧密组合在一起制造而成的，说它凝聚了研磨技术的最高成就毫不夸张。汽车制造就像众多不同的乐器演奏的交响乐一样，这个"交响乐"的主题就是"准时生产"，它是在人力控制下的自动化，能将人的能动性充分发挥出来。

　　以此为基础，我一直在为自己独特的交响乐谱曲，寻求高效的生产方式。在这个过程中，我在节省一切不必要的浪费上投入了自己全部的精力。我时常会有紧迫感，也曾因为自己所处的立场不得已而说了很多严厉的话。回首往事，我深深感受到了"虽然辛苦，但是能做自己想做的事情还是非常值得的"这句话的含义。

　　丰田汽车的制造方式是先辈们在条件非常恶劣的情况下付出了很多艰辛和汗水才摸索出来的独特的生产方式，现在人们都称其为丰田生产方式（以下简称"丰田方式"），但这个方式不是原来就有的。我现在仍清楚地记得我刚进公司的时候，前辈们总对我说你应该这样做，应该那样做，其中的道理我却完全不明白，只是按照前辈们的指示做事。

例如，表面的效率和真正的效率的区别、"没有痛苦过就不会产生智慧"等论述，使我渐渐地明白了实施丰田方式的道理和目的。随着职位的提高，就像天晴雾散一样，我慢慢看清了很多事情的本质，也知道了如何根据具体的情况作出应有的变化。丰田方式不是单纯的方法和技巧，也不是IT行业中经常提到的规则和指南。我深信它根植在人的价值观（如培养人才，让其发挥最大的能力）和经营观（如企业为了赢利就不得不建立以准时生产为基础的组织结构）的基础上。

独自从事顾问工作以来，我的客户（顾问的目标企业）不仅仅是与汽车相关的企业，也包括其他行业，因此情况多少有些不一样。我深感如果拘泥于丰田汽车和汽车零件产业在产品制造方面的理念，就不能满足客户的需求。客户普遍希望能在质量、数量、交货期、价格上提高顾客的满意度。其中，交货期的改善是顾客和客户所迫切需求的。当然，在丰田汽车公司工作时我也一直坚守准时生产的理念，并致力于这方面的改善工作。而此时，我更深感在速度成为竞争核心的时代，在企业和客户的交易中，"时间轴＝交货期"这一点是多么重要。我想前辈们也已经意识到了这一点。

在充分意识到交货期的重要性之后，我提出了一个比原有的生产方法更先进的"交付设计"方法。我坚信交付设计在交货期问题上能提高顾客的满意度，使我的客户企业（目标企业）占据优势地位。交付设计不仅对企业的经营有巨大贡献，它也

前言

提高了企业的生产效率，这和丰田方式中通过贯彻执行"准时生产和降低成本"来强化企业的生产能力的原理是一样的，而交付设计给企业带来的收益可能会更好。

带着这样的问题意识，我想从两个方面阐述我执笔写此书的动机。

如果你想在振兴产业，特别是制造产业上作出贡献，但却只是想将丰田方式中的一些技巧、手段原封不动地应用到其他产业或其他行业中来获取效果，所得到的将是十分有限的。现在市面上有很多介绍丰田方式的出版物，但是大多数书籍都只是就丰田的生产手段做一些简单介绍。

因此，我可以断言这些书籍所起到的作用是有限的。此外，如果企业仅仅是模仿丰田的生产手段，那么它不可能变得和丰田一样强大。在汽车产业之外出现和丰田一样强大的企业，不仅能给日本的产业带来活力，还能让日本民族得到全世界的认可。

在多年的顾问工作中，我一直致力于研究"交货期和过程周期（lead time，指订货至交货的时间）"的关系，并且现在已经具备了一套成熟的理念和实践方法，即"交付设计"。我想将它介绍给制造业以及所有的企业经营者，这是我执笔写此书的动机之一。从这个意义上来讲，本书可以说是以丰田方式为基础，并将它推广到其他行业的应用篇。

在国外销售的产品要在国外制造，这是合情合理的。但如果说在国内销售的产品也要拿到国外去制造再进口到日本来，那么日本将会有很多人面临失业和无处就业的危险，购买产品的人也会减少。

这样做企业也许会发展得更好，但是日本将会失去很多工作岗位，GNP（国民生产总值）也会大幅降低，国家不可能变得富裕起来。像新加坡那样的国家还可以选择金融兴国、商业兴国或是旅游兴国等方式，但日本由于资源贫乏，只能靠贸易来兴国了，这就要求我们不停地制造产品。将生产基地转移到海外也许对企业来说是没有办法的事，但对国家的发展来说，明显是不利的。因此，为了防止企业去海外设立生产基地，必须改变现状，变成"如果企业去海外发展反而会对企业不利"的状况。虽然在日本生产要背负沉重的劳动力成本负担，但是也有比在海外生产有优势的地方，比如说交货期短。

今后，日本人将越来越注重个性，希望能买到合乎自己趣味且与众不同的产品。如果顾客能订购到自己喜欢，又很快就能得到的产品，那么即使价格贵一点他们也不会在意。为了满足不同顾客的需求，产品的种类一定会进一步增加。而提高每一位顾客的满意度意味着要生产出完全不同的产品，这样库存的处理问题就更加困难了。在短时间内生产出顾客想要的产品并及时交到顾客手里非常重要。如果做不到这一点，企业将难以生存。

基于这一点，企业如果在国外生产势必会处于劣势地位，而在日本国内生产能大大缩短过程周期，在顾客对交货期要求比较严格的情况下，企业更不得不在日本国内生产了。

前　言

但是，如果在国内生产所需要的过程周期比在国外生产所需要的过程周期加上运输的时间还要长的话，就没有丝毫优势了。过程周期只要短于运输时间（空运1～2天），就能选择在国内生产了。

如果交货期、交付设计的优势更加明显，日本的企业自然会愿意在国内生产。最近我去了国外，发现很多企业有将高性能、新技术产品撤回日本进行生产的意向。但是，这些都是基于技术因素的考虑作出的决策，是远远不够的。如果只从技术因素出发，终有一天，企业又会再度去海外生产。因为虽然目前面临的问题暂时缓解了，但是根本问题依然没有得到解决。

顾客越是想在最短的时间内得到自己喜欢的产品，缩短交货期而进行的订购生产所占据的地位便越重要，而日本现在急需把生产重点转移到这方面来。而且，这些行业和产品的种类很多，甚至可以说所有的制造产业都有这一特性。我坚信，致力于缩短交货期一定能让日本重新凭借工业兴国。

这种做法对那些没有品牌知名度的企业尤其有效。例如，汽车的相关合作企业可以通过这个方法大幅减少库存，使工厂的景象为之一新并能显著提高劳动生产率。而且，缩短过程周期可以使企业更好地应对平衡化生产和突发订货等事项，大幅降低企业的成本。

以上就是我提笔写本书的两个动机。

本书共分五章，但是坦白地讲，书中的脉络可能不是特别清楚。离开丰田后，我曾给很多企业做过顾问，在这期间，我会随时将自己认为很重要的经历记录下来。而现在，我想尽量把这些内容整理清楚，编辑成书。

我希望读者朋友可以根据自己的兴趣来阅读此书。即将在生产第一线工作的人最好从第一章开始按顺序阅读，这样更便于理解。有生产改善经验的人可以跳过第二章。想尽快了解交付设计的人则可以从第三章开始阅读。第五章是较为独立的一章，我希望经营管理者有时间可以读一读。

在本书写作之前和写作过程中，我得到了多方面的帮助和支持。其中，丰田汽车的前辈们给予了我很多宝贵的意见。此外，中部产业联盟的佐佐木元理事因为和我同在一个联盟综合研究所做顾问，也给我提供了许多重要的信息。在此，我向他们表示衷心的感谢。

此外，我的客户企业和 Niesc 的各位顾问也牺牲了自己宝贵的时间，给我提供了很多真实案例，在此不胜感激。

在本书出版之际，钻石出版社国际经营研究所的藤岛秀记、钻石出版社出版事业局的花田茂明、田村让司曾几度就编辑工作和我交流意见，在此我也要向他们致谢。

总之，我深深感到，没有他们的帮助就没有本书的问世。

最后，希望本书能给读者们在企业经营方面助上一臂之力，那将是我无上的光荣。祝各位读者身体安康。

中山清孝

于 Niesc 集团办公室

目　录

第一章　新的流程管理的必要性 …………………… 001
　　第一节　追求经营的本质的管理模式 …………… 003
　　第二节　回顾以往的经营、改革 ………………… 008
　　第三节　掌握新的流程管理的核心 ……………… 011
　　第四节　明确两种竞争："看得见的竞争"
　　　　　　和"看不见的竞争" ……………………… 019
　　第五节　获得解决问题的能力 …………………… 023
　　第六节　应对现金流通经营时代的挑战 ………… 033

第二章　现场改善理念和实践方法 …………………… 037
　　第一节　写在前面 ………………………………… 039
　　第二节　企业存在的意义 ………………………… 040
　　第三节　如何确保经济收益以及提高销售额 …… 041
　　第四节　对浪费的看法和思考 …………………… 043
　　第五节　生产方式决定生产结果 ………………… 047
　　第六节　（材料、设备、劳动）生产效率的理念
　　　　　　和生产第一线的重要性 ………………… 052

I

第七节　深入思考库存问题 …………………… 055
第八节　深入思考劳动生产率问题 …………… 070
第九节　总结 …………………………………… 078

第三章　交付设计的要点 …………………………… 085

第一节　写在前面 ……………………………… 087
第二节　持有库存却无法满足客户对交货期
　　　　的要求 ……………………………… 090
第三节　交付设计：极力避免库存积压，
　　　　根据订购量进行生产 ……………… 094
第四节　对客户交货期的思考 ………………… 098
第五节　追求理想的过程周期——"LL 比" … 100
第六节　实施交付设计的前提条件 …………… 104
第七节　交付设计的优势 ……………………… 106
第八节　交付设计的深化 ……………………… 111

第四章　交付设计的事例 …………………………… 113

第一节　A 企业：眼镜片加工业 ……………… 116
第二节　B 企业：非民生精密仪器制造业 …… 125
第三节　C 企业：大型抗震橡胶制品制造业 … 132
第四节　D 企业：汽车用品零件制造业 ……… 139
第五节　E 企业：气压设备制造业 …………… 146

第六节　F企业：汽车用品零件制造业
　　　　　（试制品制作） …………………………… 154
第七节　G企业：电线制造业 ………………………… 160
第八节　H企业：精密机械零件制造业 ………………… 166
第九节　交付设计的条件无法满足时的对策 …… 174

第五章　改善的推进方法 ………………………………… 177
第一节　提倡迅速改善的企业文化很重要 ……… 181
第二节　以建立"重视尝试的企业文化"
　　　　　为目标 …………………………………… 187
第三节　如何以更快的速度实施改善 …………… 190
第四节　人才培养是经营者、管理者的
　　　　　重要职责 …………………………………… 193
第五节　人才培养——对改善团队的期望 ……… 200
第六节　推进改善的实施，对管理模式
　　　　　进行探索 …………………………………… 209

写在最后 ……………………………………………………… 219

第一章

新的流程管理的必要性

- 所谓真正有效的管理，就是"设定远大目标"并"朝着它努力的过程"。
- 管理者不应以数字为标准管理公司，而应按工作步骤来管理公司。
- 问题发生时不要只问人，还要"问物"，即要亲临实地、现场去确认情况。
- 只改善一处并不等于达成了总的目标，一定要确认此处的改善会不会给其他部分带来不良影响。
- 在当今时代，比起损益算计表，更重要的是资产负债表，它能让企业学会灵活地利用经营资源。

第一节 追求经营的本质的管理模式

❖ 经营的本质的含义

企业所追求的经营的本质是指"满足顾客不断变化的需求,为他们提供让他们满意的产品和服务,为社会和国家的发展作出贡献"。在此活动当中,无论是在国内还是在国外,各种各样的经营方式持续上演,企业之间的竞争主要集中在"速度"和"现金流通经营"等几个关键词上,呈现出"弱肉强食"的局面。尤其引人注目的是美国和欧洲诸国的繁荣的经济景象,以及中国和东南亚国家的崛起。

而日本还没有完全从泡沫经济崩溃后的经济低迷中走出来,各家企业的重组再建工作都是从削减劳务成本出发的,以致企业重组变成了裁员的同义词。为了追求低劳务成本,有的企业甚至关闭了国内工厂,将生产基地转移到了国外。但是,它们在当地也面临着激烈的全球化竞争。同时,关闭国内工厂也给地区经济带来了很多负面影响,其中最直接的影响是毕业生的就业率降低、失业人员增加、当地企业相继关闭、商业街衰退等,进而间接导致了当地生产制造能力的降低、当地人民的精神空虚化等。

其中有增收增益的企业，也有增收减益的企业。有的企业到现在还没有从以企业重组为名的人员裁减的后遗症中摆脱出来，仍在苦苦挣扎。

为什么在企业经营界有如此多的不同的现象产生呢？获得高收益的企业拥有怎样的"追求经营的本质的经营模式"呢？它们是怎样灵活利用经营资源来提高效率，又是怎样培养有活力的员工和营造工作氛围的呢？反观那些为低收益和赤字而苦恼的企业，它们又采取了怎样的经营模式呢？这两者在经营方式上到底有什么区别？此外，为了防止生产制造的空洞化，企业应该采取什么样的措施？立足于社会和市场的经营的本质究竟是什么？时代已经发展到我们必须面对这些问题的时候了。

❖ 真正有效的经营方式：设定并努力实现"理想状态"

我们经常把"经营管理"这个词挂在嘴边，它表示了想法和意图的矢量（包括方向和力量），即先设定"理想状态"（持续不断地产生附加价值的状态），再朝着这个方向进行实践活动。如果经营管理中没有"理想状态"的设定和实践它的过程，就不能称为真正的经营管理。

但现实是，管理者和上司只会制作自己想知道的那一部分资料，"为管理而管理"（应对），将"管理资料和评价资料"混为一谈。只要接到超出工厂生产能力的突发订单，他们就乱作一团，不得不采取补救措施。有的管理者在进行企业管理时只会在现有的经营活动的延长线上设定目标并制定实施方案，而有的管理者会基于自己的信念和使命感，脚踏实地地解决现场发生的问题，不断朝着企业的"理想状态"努力。这两者差别之大不言自明，可以说前者是"应对的管理"，后者是富有活力的"追求本质的管理"。

现在，让我们以目标设定为例来说明一下前面两种管理模式的不同之处。

在现有的经营活动的延长线上进行目标设定一般分为以下两种方式。

第一种是实施部门设定目标：预测今年大约能生产多少产品，能取得多大成果，然后定一个比预测值稍高的目标。通过这种方法设定的目标达成率较高，但有目标定得过低的风险。

第二种是企划部门（如经营企划部）设定目标：一般以企业必须达到的利润标准为出发点来设定目标。由于设定出来的目标往往偏高，而工厂的生产能力有限，所以目标达成率较低。

这两种方法哪一种更好，要根据最后的效益来评定。但即使在现有的经营活动的延长线上设定的目标能实现，也不能保证企业能在竞争中获胜并得到持续发展。

为此就需要采取按"理想状态"设定目标的方法，这也是我采取的方法。

换言之，就是以"行业世界第一"为目标，并为达成这个目标设定一个期限，然后具体设定每年的目标，如今年我要将公司发展到什么程度,明年又要达成怎样的目标。这比以往的"每年提高百分之多少"的目标更为明确,且目标值更高,即便不是处于管理职位的普通员工也能理解公司的战略意图,并会为此付出努力。

对于这种管理模式来说,理念和实施步骤极其重要。但遗憾的是,目前很少有企业能充分认识到这一点。

❀生产、育人以国家利益和企业经营为重

由于泡沫经济的崩溃,十几年来日本经济一直处于低迷状态。在这种严峻的环境下,企业为了打破僵局采取了很多措施,如以解雇员工和业务外包为代表的"应对型的管理模式",但是我觉得这种做法有失偏颇。通过在生产现场努力实践追求经营的本质的管理模式,我再一次深感企业需要回到原点来考虑问题。

当然,毋庸赘言,实施管理的原动力是人的"智慧"和"行动方式"。但我认为,除此之外更重要的是人的"远大志向",丰田汽车之所以有今日的辉煌,其根本原因就在于先人的志存高远。

丰田佐吉为了让他的母亲工作起来更加轻松,发明了自动纺织机。之后为了推动日本的经济发展(国家利益),他又以自动纺织机为起点开创了自己的事业。

丰田喜一郎充分认识到要让日本富强起来必须走工业兴国这条路,可是具体该怎么做呢?考虑到汽车时代即将来临,他

决心要让日本人用自己的双手来制造汽车。

在这一点上，大野耐一也是如此。他在提高汽车生产效率的同时制造出拥有世界一流品质的汽车，为日本实施工业兴国战略作出了贡献。

我想以这些具有远大志向的先人为榜样，对长年在汽车生产现场积累的有关改善措施的经验以及离开丰田后的企业顾问的经验作一下总结，并向大家介绍一下，希望能对国家、产业界，以及追求经营本质的新管理模式的构筑有所贡献。我的终身工作就是探索并创造符合国家利益的制造企业经营模式，以及能对企业经营有所贡献的人才培养方式。

我希望这些新的管理理念能够对突破现有的管理模式有所帮助（打破现状），同时在产业界掀起实践新的管理模式的浪潮。我将倾尽全力推动这股浪潮向前发展。

第二节　回顾以往的经营、改革

❖20 世纪 90 年代的经营——百家争鸣

在此，我想对 20 世纪 90 年代许多企业采取的管理模式作一下总结。

20 世纪 90 年代是一个通货紧缩、经济低迷的时期，各家企业急于改变现状，热衷于组织和制度的改革。它们吸收了美国的"股东价值"和"经济附加价值"等经营思想，还引进了"公司制"和"能力主义人事制度"。在电子行业，有些企业为了降低成本采用了"制造外包"的方法。而为了改革业务流程，像充分利用 IT 技术的"企业重组"和 ERP（Enterprise Resource Planning）等在其他企业大获成功的信息系统也在被大规模引入。总之，各种各样的管理手段和方法一个接一个地被开发或引入，呈现出百家争鸣的态势。

❖为实现企业的理想状态，需要新的经营方式

由于这些管理手段和方法都是创造它的企业在实现其目标的过程中总结出来的，所以能够取得巨大的成功。但日本企业

第一章　新的流程管理的必要性

引进这些制度有一个共同的特点，那就是像把一件做好了的衣服硬往身上套一样，无视自己公司的现状。有些公司认为在其他公司取得成功的制度和体制在自家公司也一定能顺利实施，没有"朝着自家公司的理想状态来构建出一个全新的组织结构"的主观意识。

因为它们不明白企业成功必须朝着自家公司的理想状态去采取合适的方法，而非一味地引进一些成功模式。在大多数情况下，这些成功模式往往会变成拒绝变化的理由，反而阻碍了公司的改善进程，导致这些企业领导人改变企业现状的热情和执着很难有好的回报。

为了证实这一点，我参与了很多企业的顾问活动，亲眼看到了上述管理手段和方法的引进并未能取得预期的成效。这些管理方法非但没有将现场激活，反而让员工有被逼着、强压着工作的感觉，导致有些企业出现了虚报效益的问题。遗憾的是，企业经营者和管理者们并没有充分认识到这一点，他们大都错误地认为这些管理方式"应该能行得通"，"改善工作进行得很顺利"。

举一个身边的例子。在减少库存方面，很多企业只在周期末时大搞库存控制，以求在总体数字上能过得去，制造出了平时就在严格控制库存的假象。

信息系统部门则大张旗鼓地展开 ERP 运动，由于与现场的实际状况和能力不符，实施起来很困难，很多企业都是一边在现场生产，一边自己在加工信息。

而在人才培养方面，通过工作和流程的改善来培养人的观念并没有被广泛接受，很多企业的管理者只按结果和成果去评价员工，致使员工都热衷于部分的改善，以求达到眼前的目标。这样就很难培养出视野广阔、有远见的人才。

人与人的交流方式也从生产现场的富有人情味的心与心的交流转变成会议上的徒具形式的脸与脸的对话，甚至会进一步变质成数据对数据的事务性、机械性的交流方式。在这种情况下，员工间缺少沟通，无法培养出相互间的信任关系，也无法让彼此的思想碰撞出火花，我对这一点有着深深的担忧。

因此，企业的经营者必须给工作定下一个明确的、能调动员工干劲儿的理想状态，并建立一个富有人情味的管理模式，要让人觉得"虽然很辛苦，但是值得"。我认为所谓真正有效的管理，就是"设定远大目标"并"朝着它努力的过程"。

第三节　掌握新的流程管理的核心

❖ 丰田方式一直在朝着企业的"理想状态"不断进步

现在，无论是在行业内部还是行业外部，甚至在国外，丰田方式都备受瞩目；不仅是制造业，服务行业、金融机构、医疗机构甚至是政府机构都在尝试引进丰田方式；日本书店甚至为这方面的书籍设立了一个专柜——总之，大家对丰田方式的关注度是相当高的。

在这些书中，有人称丰田方式已经是一个完善的体制，但我不这么认为。丰田方式仍在朝着"理想状态"不断进步，此后它也会随着时代的进步而不断向前发展。丰田公司能发展到现今的规模，其背后有丰田领导人的英明决断、强大的领导能力，也是无数丰田人的智慧与血汗的结晶。他们一路摸索而来，中间经历过无数次的摔打与挫折。当时我处于改革的旋涡之中，如今再回顾一下走过的路，不禁思绪万千，感触良多，"虽然每天的工作艰苦而又紧张，可很有意思"，"能自由地做自己想做的工作真是太好了"。此外，我还深感"学到了很多东西"。总之，用言语是无法充分表达我的心情的。

❖ 以现场改革为中心的新的"流程管理"必不可少

关于以现场改革为中心的新的"流程管理",我想用图1-1和图1-2进行说明。

我们的最终目的是为实现企业的远大目标——"理想状态"而实施经营改革。在图1-1中是按现场改善→管理改革→现场改革→经营改革的顺序进行的。

现场改善是指以排除现场浪费和自律机制的横向展开为中心的活动,它是经营改革的基础和原动力。但它只是现有体制范围内的改善,其活动局限于现有体制。

下一步的管理改革的主体是制定制度、组织和体制的企划管理部门,主要的改革内容是组织结构的构筑。

如果按照这个顺序进行,规定现场活动的制度和体制将由企划管理部门来制定,这会大大限制下一步的现场改革的范围和程度。如前所述,被强行施加的制度和规则会阻碍现场改善和现场改革,或者成为阻碍现场改善和现场改革的正当化理由。当然,最后一步的经营改革也难以进行,不能称之为改革了。因此,以往的经营改革大多不是从现场的实践经验出发,而是从理论思考出发来制定战略、制度和体制的。让我们姑且称这种经营理念的思维方法、实施方法为"逆N形"。

由此,我考虑按图1-2的顺序来实施新的流程管理,即现场改善→现场改革→管理改革→经营改革。

在现场改善完成后,先不要实施管理改革,而是先改革现

第一章 新的流程管理的必要性

场的结构和体制，使它超越先前的模式，提高到一个新的水平。然后，再以此为基础进行管理结构和体制的改革和引进。

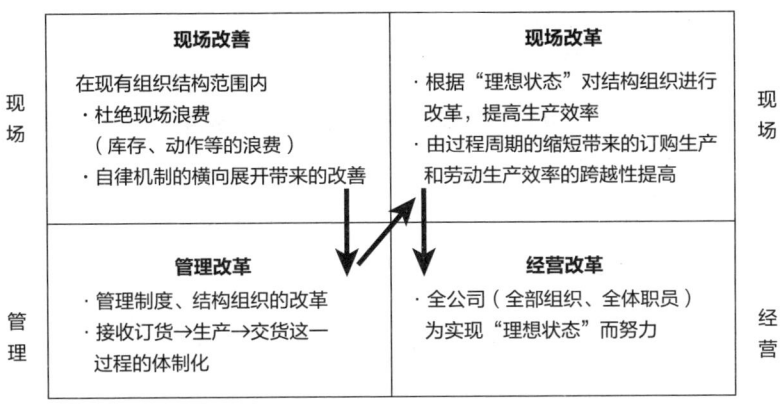

图1-1 "逆N形"流程管理

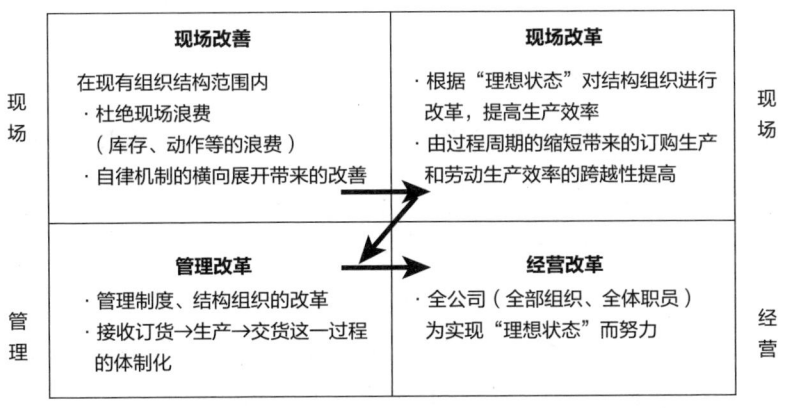

图1-2 "Z形"流程管理

完整的产品生产流程主要是由设计、制造和销售三个步骤构成的，其他都是一些辅助性的工作，因此首先要优化生产产品的过程,然后再考虑管理这些结构组织的问题。现场改革需要付出很多时间和心血,大家需要做好心理准备。我坚信,经过现场改革这一过程,管理改革中引进的制度和体制一定能够推进现场改善,并对人才培养作出贡献。

相对于"逆N形"流程,我将这种流程称为"Z形"流程。为了方便读者理解,我想用下面几个事例来说明一下。

例如,现在有一个经营状况良好的半导体生产厂家,其领导决定将经营发展速度加快到现在的四倍,于是公司以生产制造为中心展开了全公司的改革活动。这样一来,和以往速度不同的管理模式就渐渐诞生了。

丰田领导人在第二次世界大战后不久就设定了一个其他人想也不敢想的目标:"日本的生产效率还不到美国的1/8,要想在世界市场上占据一席之地,日本必须赶上美国。"

再举美国的两个例子:让人类第一次登上月球的"阿波罗计划"是因为有了大胆的设想才最终得以实现,在美国民权运动中相当著名的马丁·路德·金的演说《我有一个梦想》(I Have a Dream)也是其中的一个典型例子。

很多事例表明:先设定大胆的目标,再开始改革行动是非常有效的。例如,给需要多种技术、多个部门合作的新产品开发的过程周期设定一个缩短目标,你甚至可以将它定为"原先的1/10"。

所以,公司的领导者要先提出一个大胆的目标。也许从现有的经营状况来看这个目标是几乎不可能实现的,但它能起到振奋人心、激发员工干劲儿的作用。在这个目标的激励下，不仅是生产部门，开发、销售和物流等所有部门都会开始进行现场改善和现场改革，进而发展到全公司的管理改革和经营改革。这种"Z形"流程从结果上来看进行得更快，取得的效果也更明显。

当然，目标的设定要依据实际需求和理想状态，而且有实现的可能也是非常重要的。领导要具备领导才能，信任部下，适当地放手让部下自己去处理事情，这样领导和部下之间才能建立起良好的信赖关系。

为什么我要如此强调目标的重要性呢？因为在变幻莫测的经营环境下，只有给自己设定一个目标才能激发起自己的斗志，让自己有源源不断的动力。

❖ 把目标设定为"离业界世界第一还有几年"

在开展图 1-1、图 1-2 的现场改革之前，我认为经营者拥有"振奋人心的目标"以及对"目标达成后的公司的具体样貌（如三年后公司将发展到何种程度等）"有一个基本的设想是极其重要的。关于这一点前面我已经简单提及了，下面我将以"设定目标的方法"为例，详细论述一下。

目标设定的方法共有三种。

1. 第一种方法是由实施部门（实施团队）来设定。

这种方法是预想下一年要实施的项目能取得什么样的效果（往好的方向发展），并参考前一年的目标达成水平和达成状况，设定一个不高不低的值。换言之，就是预测大概能做到什么程度，大概能得出什么样的成果，然后设定一个稍稍比它高一点的值。当然，按这种方法设定的目标达成率比较高，但目标水平比较低。

2. 第二种方法是由企划部门来制定。

企划部门一般会按照公司的利润目标和公司发展的需要来设定目标，因此目标水平较高。但是生产现场往往达不到这个目标，所以需要作出调整。企划部门需要现场同意它们的目标，所以不到万不得已的情况不会明示目标，而现场在没有明确目标的情况下只能"先制定实施方案"。

高目标往往伴随着较低的目标达成率，于是在进度会议上，企业领导者只好托词："进度太慢了，以致生产没有达到预想的效果，我们还是考虑别的方案吧。"或者是在周期末检查时，面对无法实现的目标，领导者只能对员工说："无论怎么样，一定要坚持下去。"此外，很多领导者对达成目标的部门没有半句奖励或建议，对未能达成目标的部门则大加责备，这会极大地伤害员工的积极性。因此，当部下达成目标时，领导者应该对他们说："如果这样做，效果是不是会更好？"而面对未达成目标的部门，领导者和企划部门应首先进行自我反省："我能帮助他们做点什么呢？"然后举全公司的力量支持这个部门。管理者不应以数字为标准管理公司，而应按工作步骤来管理公司。

大野耐一也曾设定过让周围的人目瞪口呆的目标，但这和企划部门的设定方法有着本质的不同。大野耐一是通过现场实地考察后才设定目标的，且对那些未达成目标的团队，大野耐

第一章　新的流程管理的必要性

一都会亲自到第一线给予指导。

3. 第三种方法和世界上为数不多的 A 电机生产厂家所实施的方法相近。

A 公司曾说："如果做不到世界第一或第二，我们就选择退出市场。"这和"离业界世界第一还有几年"的目标设定方法相似。

A 公司的领导花了大量的时间和精力去考察和学习世界顶级水平的企业的技术开发、采购、生产技术和制造流程等，然后才规定自己的企业在"几年内要达到业界世界第一的水平"。

很多企业也有要变成业界世界第一的雄心壮志，但他们没有 A 公司的学习钻研精神，也不了解业界第一究竟是何种水平，最终还是不知道该如何设定目标，只能将引进和模仿一些热门的方法和制度作为目标（方法的引进并不能保证目标的实现）。

这几年我一直在为我的企业客户提供一些目标值建议："一定要让公司发展到业界世界第一，业界世界第一现在是这种水平，用数值来说就是这个数值。"让管理者自己决定需要花几年时间来达到这个目标值，然后设定今年要达成什么目标，明年又要达成什么目标等年度目标。这种方法比那种每天提高百分之几的方法更明确，也更容易让员工接受。

第三种方法比前两种方法的目标值都要高，员工们会抱着"我们要把企业打造成世界顶级水平的企业"这样明确的目标，积极地投入到现实工作中。

目标设定好后就要构筑能让目标实现的结构组织，这需要持续实施一些改善措施才能让改革更有效果。企业中经常有做着雷同工作的部门，将这些部门横向展开，在一年之内不愁没有改善的工作可做。

要以"业界世界第一"为目标，要求现场也要将自己的管理模式加以改进以使后面的工作顺利开展。

但遗憾的是，能做到这一点的企业很少。

❖ 改善分为短期型和长期型

改善分为短期型改善和长期型改善：错误被发现后立即就能改进，或者在几个月内就能改进的，叫短期型改善；错误被发现后需要花好几年时间去改进的，叫长期型改善。在这里，我想用事例说明长期型改善的有效推进方法。

有时候改善不如预想般地那么快就能完成，即使是将装产品的箱子的容量变小一点这么简单的事，也不是马上就能办到的，必须和采购方就每箱的零件成本和重量等决定箱子容量的要素进行讨论后才能决定。而且，这个讨论结果往往在下一期的生产模式中才能实施，有些零件要过好几年才会更换，在更换时才能看到成果。对付长期型的改善课题，要有组织、有秩序地进行，这样才能出实际成果，负责人实施起来也更容易一些。

综上所述，生产现场应设定具体的数字目标，即"几年内要达到业界世界第一的水平"，并在高层管理人员的理解、支持和合作下，为实现这一目标采取具体的行动，使现场改善与现场改革紧密相连。实施这种"Z形"的流程管理，企业定能持续产生利润。

第四节　明确两种竞争："看得见的竞争"和"看不见的竞争"

现在，企业都在两个地方进行着两种竞争：一种是在市场上展开的"看得见的竞争"，另一种是在企业内部展开的"看不见的竞争"。

可以说"看得见的竞争"是企业外部的"利润中心"，"看不见的竞争"是企业内部的"成本中心"。

❖ "看得见的竞争"通过"差异化"占据优势

"看得见的竞争"由"产品和服务价值"、"感官价值"和"信息价值"三个要素构成。"产品和服务价值"是指产品的性能、功能、质量、交货期、价格等；"感官价值"也称为感觉价值，是指款式外形的时髦、新颖、美丽、干净程度等；"信息价值"是指品牌、社会地位及身份的象征、可信度、致力于安全和环保的态度等。

企业要在均衡发展三个价值的前提下，追求"个性化"和"差异化（或差别化）"，创造企业特有的品牌以提高市场竞争力。

"看不见的竞争"则是指"产品和服务价值"、"感官价值"和"信息价值"的创造能力的竞争,如果以冰山图示意,则如图1-3所示。

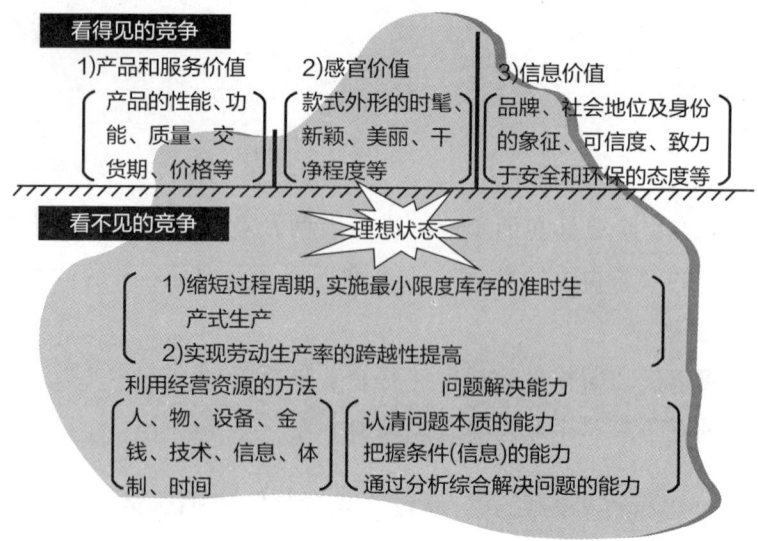

图1-3 竞争的冰山示意图

❖ "追求理想状态"是"看不见的竞争"的大前提

冰山上看得见的部分表示"看得见的竞争",水面下的部分表示"看不见的竞争"。从图1-3来看,每个企业的"看不见的竞争"似乎都一样,但实际上却各有不同。

有些企业客户曾经对我说"想要完善生产流程,缩短订货到交货的时间(过程周期)",但是去现场一看,它们真正想知道的不过是手段和方法而已,"完善生产流程,缩短过程周期"

并不是它们本来的目的。同样地，很多企业在搞"拥有多台机器""拥有多道工序"等活动，但它们是真的想发挥人的最大作用、缩短过程周期，还是只想引入这种形式就不得而知了。

所以说，"看不见的竞争"一眼看上去似乎是一样的，但其实每个企业的目标意识存在很大差异。

只是简单模仿其他公司的模式，而不加强自己的目标意识，是不可能得到相同的效果的。它告诉我们首先要理解追求自家公司"理想状态"这个目标的意义，然后再在此基础上考虑该怎么做，这是公司成功的秘诀。

❖ "看不见的竞争"通过灵活运用经营资源在企业间拉开差距

灵活运用经营资源这一点很重要，即掌握"理想状态"所需的经营资源（人、物、设备、金钱、技术、信息、体制、时间）的利用方法。即使给予每个企业完全相同的经营资源，企业间也会慢慢拉开差距。

原因是公司内部的员工不了解自家公司在利用资源的方法上的优势和劣势，因为组织行为有一个惯性法则，即每个公司都有自己的一套理念和行为模式。

因此，当公司着手减少浪费、改变经营资源的使用方法时往往会遇到阻碍，会有人提出质疑："公司一直都是这么做的，也没出过什么问题，为什么要改呢？"或者是："改了能有什么好处，能赚更多的钱吗？"

企业的经营资源不仅包含整合这些资源的能力，也包括企业文化和风土人情，这一点我将在第二章详细论述。

这些东西都是企业在长期的摸索发展中慢慢形成的，很难拿它和其他公司进行比较。虽然有些啰唆，但我还是想说很多企业不明白自己"真正的优势和劣势在哪儿"。要弄清企业看不见的竞争力，平时就要多观察、多访问、多搞问卷调查并记录数据，委托权威的顾问公司来进行分析。

※ **要想在"看不见的竞争"中获胜，必须具备解决问题的能力**

在追求"理想状态"的过程中一定会遇到很多问题，我们在解决这些问题的时候，把握问题的状况十分关键，但更重要的是要弄清楚现象背后的"真相（本质原因）"。我在很多公司做过顾问，切实感受到了大家虽然都在高喊"实地、现场主义"，但真正想要弄清事情的本质原因的欲望却不强，这一点让我感到非常遗憾。在下一节中，我将举例阐述从现象背后找到问题的本质原因的方法。

以往，我们在"看得见的竞争"和"看不见的竞争"上投入了很多精力，而在全球化竞争日益激烈的今天，我们要更多地关注"看不见的竞争"的战术。我想在"看不见的竞争"中，企业只要实践"追求本质的经营"、开展"Z形"流程管理，就一定能取得相应的成果。

第一章　新的流程管理的必要性

第五节　获得解决问题的能力

❖ 对照目的，思考问题是否真的"值得解决"

在探讨解决问题的能力之前，我希望大家先好好思考一下图 1-4 中的问题。

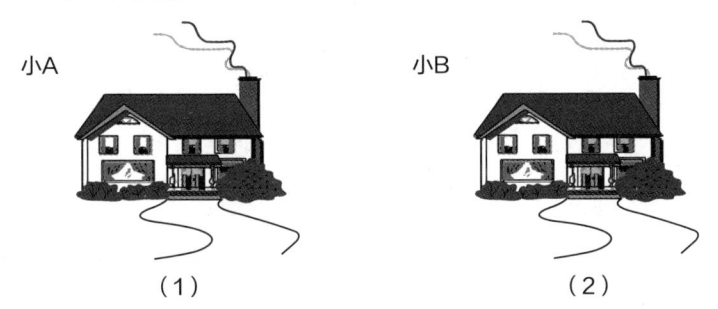

小A　　　　　　　　　小B

（1）　　　　　　　　（2）

有两个完全相同的房子（1）和（2），小A和小B的体格一样，他们使用相同的工具来清洁烟囱。清洁完后，小A全身都沾满了煤灰，小B身上却没有沾上煤灰。
问题："谁会先去洗澡呢？"

图 1-4

有的人会说"当然是全身沾满煤灰的小 A 先去洗澡"，而有的人会产马反驳说"不，小 A 去洗澡的话会把洗澡水弄得很脏，应该是比较干净的小 B 先去洗澡"。出于不同的考虑，大家给出的答案也不尽相同。

仔细想一下，其实还有很多不清楚的地方，例如"是共用洗澡水，还是各自回家去洗呢？""小A、小B究竟想不想去洗澡呢？"问题本身的信息量不够，所以无法得出一个准确的答案。

我们在遇到问题时，通常比较关心应该怎样解决它，而忽视了问题本身有没有解决的价值，或者它给出的前提条件是否充分。

现在企业都面临着很多问题。随着全球化和行业多元化的不断发展，很多我们从未遇到过的问题出现了。在严峻的环境下，企业必须迅速为这些问题找出答案，做出业绩。但是在这种情况下，也往往容易产生"谬误"。

例如，某大型厂家认为推进经营多元化要先在有发展空间的领域实施，于是在不考虑目标能否实现的情况下莽撞地闯入了不是本行业的计算机产业，结果给企业造成了巨大损失。

某电子厂家为了加快发展速度，引进了被世人称为"供应链"王牌的"基础业务包装软件"，但由于它不适合公司整体最佳的理念，部门间也未能很好地配合，最终给企业经营带来了极大的混乱。这些都是将手段和目标混同的例子。

在当今的产业界，信息技术必不可少，但我希望各位认真思考一下：投资信息技术真的给企业带来了期望的收益吗？信息技术是否提高了员工作出正确决断的速度，是否能让员工专注于附加价值高的业务？很多时候员工在并不重要的邮件往来上花费了大量时间，而最关键的本质问题却迟迟得不到解决。

第一章　新的流程管理的必要性

你的企业属于哪种情况呢？

❖ 我们需要具备看清问题本质的能力、把握前提条件的能力和分析问题并最终解决问题的能力

首先，解决问题之前必须认清这是否是一个值得解决的问题，这就需要具备看清问题本质的能力。其次，我们要把握好解决问题所必需的前提条件（信息），将它们分析整合，得到解决问题的答案。

换句话说，这就是丰田方式中著名的"重复问五次'为什么'，抓住问题的本质原因并解决问题的能力"。当问题发生时，我们要针对物流情况、人员行动、设备运作以及它们之间的联系反复追问"为什么"，从而找到问题的症结所在。

问题发生时不要只问人，还要"问物"，即要亲临实地、现场去确认情况。因为问人时，他的回答里肯定夹杂着个人主观因素，而为了避免受主观因素影响、客观地把握问题的本质，就必须亲自去发生问题的现场，这就叫"问物"。

❖ "重复问五次'为什么'"的意义和实践方法

下面我们用图1-5来说明"重复问五次'为什么'"的意义，用图1-6、图1-7中的例子说明"抓住问题的本质原因并解决它的方法"。

关于问题的发现，我们通常会通过将现象和标准（管理标准）进行比较来发现问题，而管理现场的指标有很多种，处在

不同立场上的管理者、监督者也很多，这些指标必须有一个达到管理标准的规定。如果没有规定，这些指标就起不到任何作用。

例如，设备因发生故障而不能运作时，故障发生后30分钟内要由监督者进行处理，30分钟到1小时要上报科长，超过1小时要上报部长，管理指标里必须有像这样的具体规定。

将现象值和标准值进行比较，如果超出正常范围，则意味着发生了问题。图1-5用图示方法展现了"现象（问题发现——和标准之间的差距）"。

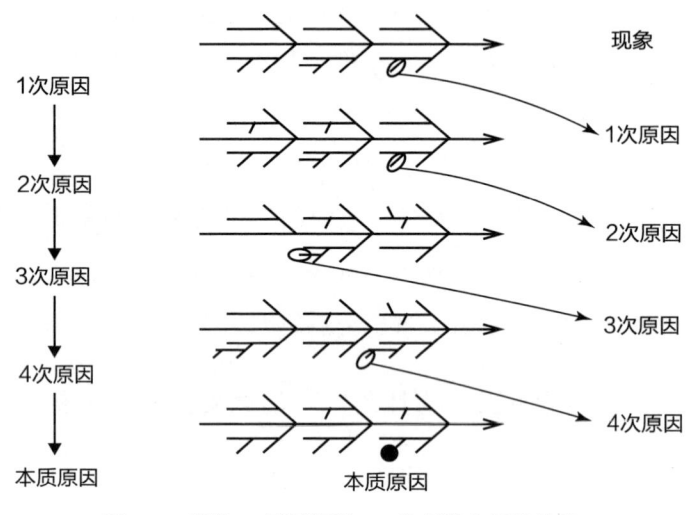

图1-5　现象（问题发现——和标准之间的差距）

矩形图等是对以往的数据进行整合并得出解决方法的重要手段。解决问题是将发生的问题逐一解决，因此必须先制定一

第一章　新的流程管理的必要性

个管理标准，并将不符合这个标准的因素作为问题来处理。

换句话说，想要采取某种措施让生产恢复到正常状态，必须先去实地、现场就问题的现象和原因进行调查，然后针对发现的1次原因再问一个"为什么"。重复这个步骤，即可发现问题的本质原因，针对它采取对策即可维持标准水平。顺便提一下，"问五次'为什么'"只是一个象征性的说法，在实际寻找原因的过程中要不停地问"为什么"，直到找出问题的本质原因。

❖ **处理完毕并不等于问题得到解决，考虑对策及防止其再度发生至关重要**

下面我们以"钻孔机不转了"的故障为例来说明一下处理问题与问题得到解决的差异。（图1-6、图1-7）。

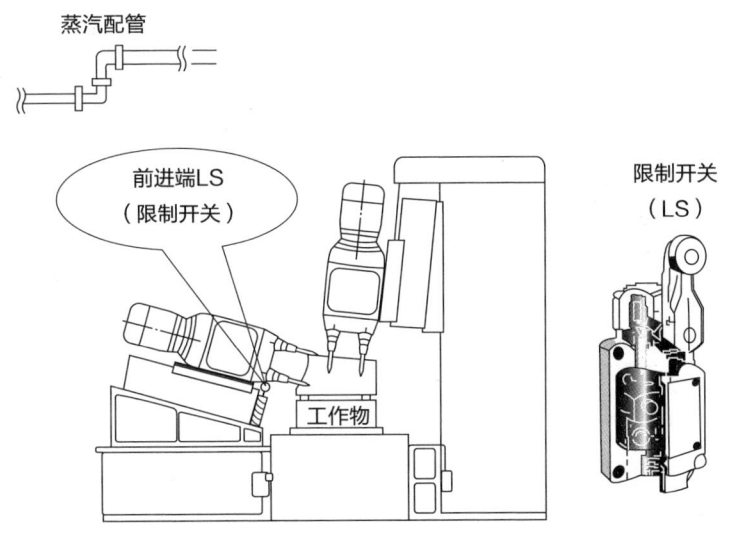

图1-6　钻孔机的故障：不转了

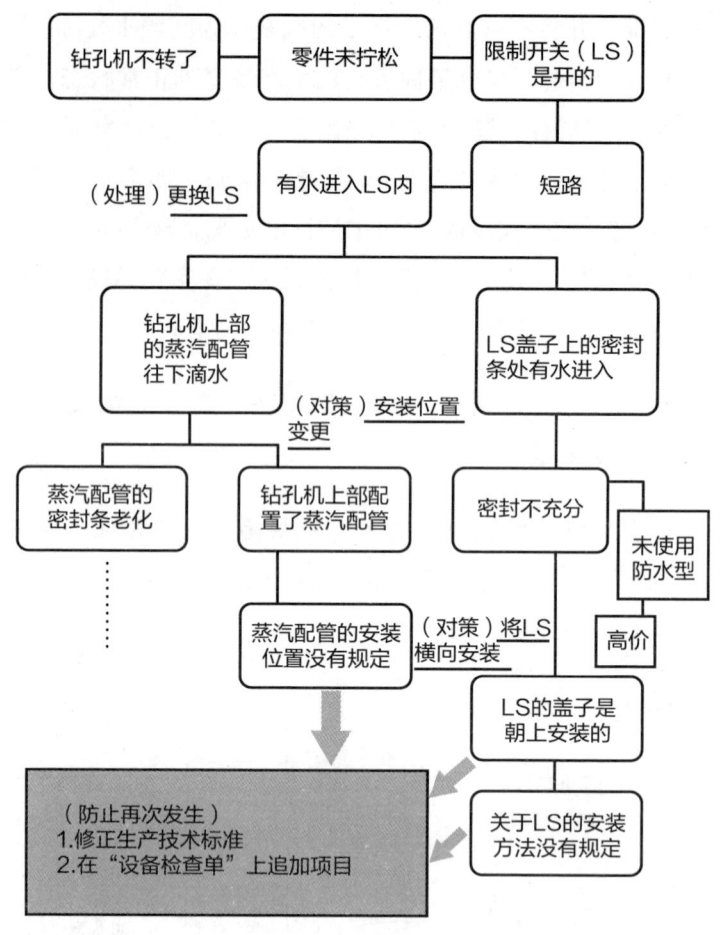

```
                                                                  ┌──────────────┐
                      ┌──────────┐      ┌──────────┐              │限制开关（LS）│
                      │钻孔机不转了│─────│零件未拧松│──────────────│  是开的     │
                      └──────────┘      └──────────┘              └──────────────┘
                                                                         │
                                      （处理）更换LS    ┌──────────┐    ┌──────┐
                                      ─────────────────│有水进入LS内│────│ 短路 │
                                                       └──────────┘    └──────┘
                                                            │
                             ┌──────────────┐          ┌──────────────┐
                             │钻孔机上部    │          │LS盖子上的密封│
                             │的蒸汽配管    │          │条处有水进入  │
                             │往下滴水      │          └──────────────┘
                             └──────────────┘                │
                                │       （对策）安装位置              ┌──────────┐
                     ┌──────────┴──────┐   变更          ┌────────┐   │ 未使用   │
                     │                 │                 │密封不充分│──│ 防水型   │
              ┌──────────┐      ┌──────────────┐         └────────┘   └──────────┘
              │蒸汽配管的│      │钻孔机上部配  │                            │
              │密封条老化│      │置了蒸汽配管  │                       ┌──────┐
              └──────────┘      └──────────────┘                       │ 高价 │
                 ⋮                      │                              └──────┘
                                 ┌──────────────┐ （对策）将LS
                                 │蒸汽配管的安装│ 横向安装        ┌──────────┐
                                 │位置没有规定  │                 │LS的盖子是│
                                 └──────────────┘                 │朝上安装的│
                                        │                         └──────────┘
                                        ▼                              │
                         ┌──────────────────────────────┐         ┌──────────────┐
                         │（防止再次发生）              │         │关于LS的安装  │
                         │1.修正生产技术标准            │◀────────│方法没有规定  │
                         │2.在"设备检查单"上追加项目    │         └──────────────┘
                         └──────────────────────────────┘
```

图1-7 "钻孔机的故障：不转了"之后的解决方案

钻孔机不转了，这是一个现象，当进一步追究它的原因时，发现是工作物没有拧松（加工完成后要将紧固夹具拧松）。为什么工作物没有拧松呢？经调查发现，钻孔机主轴前进端的限制开关是开着的，起因是限制开关内部短路了，而短路的原因是开关内进水了。

更换限制开关，钻孔机就能恢复正常工作了。但如果只停留在这一步，只做简单的处理，问题还有可能再次发生。如果处理问题等于简单地更换零件，那就丝毫不能起到防止问题再次发生的作用。

这里可以分为两个问题来考虑：一是密封型的限制开关什么地方漏水了；二是水是从什么地方漏进来的。如果追究第一个问题，就会发现限制开关的盖子是朝上安装的，水是从盖子的缝隙渗入的，因此可以将限制开关的盖子改为横向安装。这是一种对策，采取这种对策后就可以防止再次发生相同的故障了。但是像这种工作设备工厂里还有很多，将限制开关的盖子朝上安装的情况一定还有，而且以后购入的工作设备也有可能还会采取这种安装方法。考虑到这里，就会发现"限制开关的方法没有明确规定"是问题发生的本质原因之一。因此，改订安装方法的公司标准，在新设备的检查单上追加这一项目可以起到防止类似故障再次发生的作用。所谓对策，就是让发生故障的设备不要再发生类似故障。而防止故障再次发生，是指不要让公司内的同类机器也发生这种故障。

第二个问题是水是从什么地方漏进来的。仔细调查一下会发现，水是从钻孔机上面的蒸汽配管上面滴下来的，落在了限制开关上。

如果在此只更换蒸汽配管的密封条，或者改变蒸汽配管的安装位置，确实能防止这台蒸汽配管再次发生漏水的问题，但一定还有其他的蒸汽配管也是在相同的位置安装的，而且以后再安装蒸汽配管时也有可能继续安装在这个位置，因为蒸汽配管的安装位置没有明确规定。这就找出了问题发生的另一个本质原因，和限制开关的处理方法一样，为了防止问题再次发生要改正蒸汽配管安装方法的公司内标准，并且在新设备检查清单上追加这一项目。

以上只是个案。如果只是简单地处理问题，不再深究，相同的问题一定会再次发生。而采取适当对策虽然可以防止相同问题的再次发生，但不能防止其他地方会发生同样的问题。因此，企业一定要反复问"为什么"，直到找出问题的本质原因，然后制定出预防方案，确保公司内不会再发生同样的问题。至此，问题才算真正得到了解决。

如上所述，通过反复问"为什么"可以一步一步接近问题发生的本质原因。所以，企业今后一定要运用这种方法来探索出本质原因，这一点非常重要。

以上我就"解决问题的能力"作了简单论述，希望大家能理解"重复问五次'为什么'"的重要性。在结束本节之前，我想再向大家介绍两件趣事。

❖ 改善时，我们要从整体着眼，确定是否达到目标

某用户将自家厨房改造成了整体式厨房。

某一天，他在煎鱼时打开了风扇，但屋子里还是充满油烟味，于是他要求商店前来检查。营业部的人回复他说："我们让

生产厂家去确认一下。"而风扇生产厂家的负责人检查后说："风扇可以将燃烧时产生的气体排放到屋外,吸入量设置也没有问题,不会出现油烟滞留的情况。"但实际情况是:厨房里确实残存了很多油烟。于是,厂家再次检查了一遍,终于找出了问题发生的原因:整体式厨房系统默认使用的是煤气灶,而用户用的是 IH(间接加热),没有上升气流产生,导致上面的风扇虽然在工作,但却不能将废气和油烟全部排走。由于用煤气灶就不会出现这种问题,因此确认某处的改动(煤气灶→IH)会不会对其他部分产生影响非常重要。

所以我希望大家记住:只改善一处并不等于达成了总的目标,一定要确认此处的改善会不会给其他部分带来不良影响。

❖ 将手段误认为目的的例子

有一天,我住进了一家饭店。早上去吃饭时,刚下电梯,饭店的侍应生就向我介绍说:"早餐餐厅在这边,前台在那边。"我去餐厅一看,发现一群人穿着睡衣在吃早饭。我顿时觉得不可思议:为什么电梯口的侍应生不提醒他们不能穿睡衣在餐厅吃早饭呢?毫无疑问,那个侍应生的工作目的就是为顾客服务,给顾客提供舒适的生活环境。之前的引路是他提供服务的一个手段,但绝不是最终目的。

同样的事情我在其他饭店也遇到过。早餐餐厅一般分为禁烟区和吸烟区,但我在禁烟区吃早饭时,可能因为空调的原因,烟味总是会随着风飘过来。那么,设这个禁烟区还有什么意义呢？本应考虑风向来设立禁烟区的，但是饭店方面好像觉得只要有这个形式就可以了。它们都忘记了本来的目的，只在形式上做文章。从那以后，我都在处于上风位置的吸烟区吃早饭了。

企业中也经常有只按吩咐做事，忘记组织和个人目的的事例发生。

在自动生产流水线上，如果出现次品，一般都是先停下传送带，只把合格品传送到下一道工序。但这种做法仅仅是应急措施，真正的目的应该是防止类似情况再次发生，如果永远只做应急修补措施，就和前面的饭店的例子一样了。再比如说给操作工分配工作时，如果发现某道工序超时了，可以在工序内作出改善，缩短操作时间，但那些不超时的工序是否就可以置之不理了呢？当然不是。如果你能发现其中的浪费，作出改善，时间上就富余了，这些时间上的富余积累多了，就可以再减少一个人工成本。如果不这样做，你就会忘记本来的目的，即发挥每个人最大的工作能力。

第六节　应对现金流通经营时代的挑战

❖合理利用经营资源

以往,很多企业都会通过"损益计算表"来制定下一期的利润计划并商讨需要做的具体工作。但是现在,储存时代正在向流通时代转变,以损益计算表为中心的财务分析方法是否还适用呢?我们需要打上一个问号。损益计算表中很少体现"资本""库存""过程周期"和"销售债权的回收期"等概念,更无法生动地体现企业活动的具体状况,也没有应对不断变化的状况的视角和理念。

在当今时代,比起损益计算表,更重要的是资产负债表,它能让企业学会灵活地利用经营资源。更加严谨地来说,企业管理者需要有看透、看懂损益计算表、资产负债表以及生产成本报告书、现金流通计算书的能力。

例如,很多日本企业因为国外的人工费比日本便宜很多就将生产基地转移到了海外。但现实是,日本的工厂因为经过多次改善,一天的工作在下午3点左右便做完了,剩下的时间相当于在免费使用人力和机器设备,因此很难说到底是国外的生产成本低还是日本的生产成本低。这个理论不仅适用于将生产基地转移到国外的场合，也适用于企业出于人工费的考虑而将生产任务外包到国内厂家的情况。

生产上的"改善和改革"不仅仅是指降低生产成本和提高生产效率（销售现金流的增加），还涉及如何在经营管理上有效利用从中得到的成果（被埋没的资源，即被埋没的人、物、设备、资金、信息、时间、空间等）。也就是说，经营者和管理者必须思考这些不花成本的"剩余经营资源"的投入战略。尤其是"管理及相关部门"的管理者必须充分认识到这一点，在把握不断变化的现场的前提下，具备一些超前意识。

为了降低人工费和外包费，企业通常会采取转到国外生产或将生产任务委托给合作企业的做法，这势必会增加物流费用。而且，它还带来了一个新问题，即过程周期变长了。过程周期的变长会导致库存增加，根据需求变动作出调整的时间也变长了。因此企业要在筹备上费很大工夫，甚至时有材料和产品废弃的情况发生。结果是不必要的库存和管理费用增多了，企业现金流的状况就会出现恶化。企业的负担在过程周期（时间）之上又增加了库存（现金）。

成本和过程周期就像一枚硬币的两面，关系极为密切，但这并不意味着缩短过程周期可以带来生产成本的削减。

假设有以下两种情况："今天一天将收到的订货数量全部生产完成，然后在仓库里存上 99 天，在第 100 天的时候将它提交给客户"和"今天一天全部生产完毕并马上提交给客户"。这两种情况在财务会计的"产品生产成本"上没有任何差别,因为目前的成本核算中虽然有"按间接制造费用分摊标准制定的周期时间"的条目,但还没有过程周期的概念,因此对现场情况不是十分了解的经营者们并不会为过程周期的缩短而感到高兴,这也是阻碍准时生产方式推广的一个原因。也就是说,将准时生产方式正当化的管理会计制度尚不完备。

人们对丰田方式的评价是"像在拧一条干毛巾",想方设法要降低成本,这其实是对丰田方式的一个误解。丰田方式的目的是在合理排除现场浪费的基础上降低成本。

丰田尤其在减少物力和人力的浪费上下了很大功夫:在物力上,其通过实时生产提高资本效率(周转率);在人力上,其通过减少员工人数和提高动作的效率来降低成本。总之,就是以提高上述的现金流通效率为目标。

❖ 以"顾客满意"为目标,重视过程周期

今后,企业更要以"顾客满意""顾客感动"为目标,在质量、数量、交货期、时间、价格等方面提高市场竞争力。

其中,我认为最重要的是时间。以往质量和价格是顾客决定是否购买的重要原因,但是现在更重要的是通过在顾客最希望的时间内交货这一点上战胜竞争对手。而且,这样做还可以实现库存的最小化,从而降低成本。我想企业应该更多地重视这一点。

综上所述,企业要缩短从材料的采购到生产,再到交货的

过程周期，并在此基础上尽量减少库存。其中，决定从哪道工序开始实施订购生产很重要，我想把实现它的理念和推进方法命名为"交付设计"，并在第三章和第四章中详细向读者朋友们介绍。

第二章

现场改善理念和实践方法

- 库存就是浪费,和超不超出规定范围没有关系。
- 实现比市场普遍情况更短的交货期的方法是尽可能从上一道工序开始实行订购生产,以极力减少后工序的库存,缩短过程周期。
- 产品极易被模仿,但材料加工方法等现场技术是无法被模仿的。
- 不要让库存变成水库,而要使它发挥蓄水池的作用。
- 企业生产产品一定要注重生产能卖得出去的数量,在避免生产过剩的大前提下来评价劳动生产率。

第二章　现场改善理念和实践方法

第一节　写在前面

　　介绍丰田方式的各种研究小组主要是以汽车制造为中心课题的。

　　本章介绍的内容和这些研究小组介绍的内容基本相同，但总结了我多年来给各种企业做顾问的经验。我对它进行了体系化，使它成为能够为各种行业所借鉴的一种理念和方法。

　　下面我将介绍通过改善生产现场为企业经营作出贡献的理念和方法。它是以现场为主体的活动，能给企业带来利润。当然，能给企业带来利润的活动仅凭现场是不够的，开发部门、生产技术部门、营业部门等必须通力合作，使其成为企业全体的活动。对生产制造企业来说，生产能力的提高对其市场竞争力的提高极具意义，这一点永远不会改变。

第二节　企业存在的意义

❖企业的存在本身便是对社会的贡献

我希望大家都能思考一下企业存在的意义。

在此暂且不提出现奶制品的质量问题、在大型卡车的回收和禽流感的处理方法方面有负面新闻的企业。企业要想存活，必须通过提供产品和服务完成自己的社会使命，并谋求与社会的调和。企业通过完成自己的责任、降低成本、获取利润以求一直存活下去。

简单来说，企业只有不被指责、确保利润才能存活。企业如果能获取利润并一直发展下去，就能对地区经济作出贡献，它的员工的生活也能更加安定。所以说，企业的存在本身便是对社会的贡献。

第三节　如何确保经济收益以及提高销售额

❖ 降低成本高于成本主义

那么怎样提高企业利润呢？这就需要用"降低成本高于成本主义"的理念来经营企业了。

所谓成本主义，是指在成本或预计的成本上加上适当的利润作为产品的价格，这是估价单和现在仍在持续的公共事业所采用的计算方法。用公式来表示，则如下所示：

$$价格 = 成本 + 利润$$

但是，在现今自由竞争体制的市场经济条件下，企业已经不能自由地决定产品的价格了。例如，在汽车这个竞争企业很多的行业中，顾客会在比较各家的汽车之后作出购买决策（主要是根据汽车的外观、内饰、排气量等车的性能和价格作出选择），因此卖家只能依据市场行情来决定价格。

由此，就变成下面这种情况：

$$利润 = 价格 - 成本$$

依据这个公式，企业在无法抬高市价的情况下，只能通过降低成本来提高利润。除此之外，别无他法。这就是降低成本对企业的重大意义。

❖ 企业全体成员同心协力，生产卖得出去的产品

前面我们主要考虑单个产品的利润，但其实利润总额才是真正的问题。

要增加利润总额就要提高销售数量，用公式表示，则如下所示：

$$利润总额 = （价格 - 成本）\times 销售数量$$

所以说销售数量至关重要。

那么如何才能提高销售数量呢？这就需要全体员工根据顾客的需求生产卖得出去的产品。员工要履行各自的职责，在质量、交货期和价格等方面满足顾客的需求，这样才能将产品卖出去，提高销售数量。

营业部门是离顾客最近的一个部门，因此要向顾客准确传达本公司的产品信息，还要将顾客的意见及时反馈到设计、生产部门。

第四节　对浪费的看法和思考

❖降低成本即意味着减少"浪费"

降低成本即意味着减少"浪费"。浪费有很多种类,开创了丰田方式的丰田汽车机械工厂将浪费分为七种(图2-1)。

```
1. "生产过剩的浪费"
2. "库存的浪费"
3. "停工等待的浪费"
4. "动作的浪费"
5. "搬运的浪费"
6. "加工本身的浪费"
7. "次品、修理的浪费"
```

图2-1　浪费的种类

浪费包含使成本增加、附加价值减少的一切因素。

其中,"生产过剩的浪费"和"库存的浪费"是针对物所说的,"停工等待的浪费""动作的浪费"和"搬运的浪费"是针对人所说的,而"加工本身的浪费"和"次品、修理的浪费"是针对制造方法、质量所说的。

❖ **浪费的种类（库存、动作、质量等）**

接下来，我将简单介绍一下这些浪费。

（1）规定范围内的库存称为"库存的浪费"，超过规定范围的库存则称为"生产过剩的浪费"，两者有着明确的区别。但是大家必须认识到库存就是浪费，和超不超出规定范围没有关系。关于"库存"造成的浪费，我会在后面详细叙述。

（2）"停工等待的浪费"表示一种无事可做的状态。

（3）"动作的浪费"指找工具等不必要的动作。

（4）"搬运的浪费"和通过搬运增加附加价值、使产品的价值升高的情况有所不同，一般是由于布局、陈列等原因不得已作出的浪费。

（5）"加工本身的浪费"指超过图纸指示的过度精细的润饰、雕琢等不必要的质量加工所造成的浪费。

（6）"次品、修理的浪费"一看就明白，不用我再作过多的解释了。

除了上述浪费以外，企业活动中还存在着许多浪费，如资料制作（加工浪费）和过早的信息提供等。如果排除这些浪费，产品的成本一定能减少。

❖ **"容易看出来的浪费"和"可以判断的浪费"**

为了加深大家对浪费的理解，我根据是否是"容易看出来的浪费"和是否是"可以判断的浪费"将浪费类型整理了一下，如图 2-2 所示。

浪费的种类		容易看出来的浪费	可以判断的浪费
生产过剩的浪费 库存的浪费	物	○ （容易）	✖ （不能判断）【挑战、重点】
停工等待的浪费 动作的浪费 搬运的浪费	人	△ （很难）【挑战、重点】	○
加工本身的浪费 次品、修理的浪费	质量	△	○

💥 挑战、重点

图 2-2　对浪费（不增加附加价值的一切动作、行为）的思考

首先，从是否是"容易看出来的浪费"这一角度来看，库存、次品和修理的浪费是很容易看出来的，而且无论哪家企业都存在这样的问题。

但是，和人的动作有关的浪费一般很难辨别。当然，除了什么都不做干等着和四处闲逛，一般从细微的手部（左手、右手）动作很难看出来哪里有浪费。此外，加工本身的浪费也很难一眼就看出来。

其次，从是否是"可以判断的浪费"这一点来看，判断库存是否是浪费很难。大家往往怀着说不定什么时候产品能大卖特卖的想法，喜欢在平时多做储备，这样做也是为了防备有紧急订货的情况发生。如果没有库存，企业会觉得不安，所以很少有企业把库存当作浪费，这是库存的一大特点。

而人的动作、加工和质量的浪费，任何人只要看一眼，便能作出判断。

❖ 判断库存是否存在浪费很困难，而判断动作的浪费更难

综上所述，库存虽然可以用眼睛确认，但很难判断它是否属于浪费；动作和加工的浪费一经发现便可作出判断，但要练就一双能发现它们的眼睛很困难。

虽然同属于浪费，但上述几种浪费各有不同，我们需要重视的是"一定要将库存看作浪费"和"发现动作中的浪费"。

一方面，企业应该采用"准时生产"的方式生产产品，尽量减少库存；另一方面，企业还要着眼于"员工的作业方法"，提高生产效率。这是减少浪费的两个主要方法，也是丰田生产方式的一大特征。

第五节　生产方式决定生产结果

❖ 生产方式的好坏决定利润（成本）的多少

在思考这个问题之前，我希望大家先看一下图2-3，然后在脑海中描绘一下自家企业的生产现场，反思一下企业目前采取的做法是否妥当。

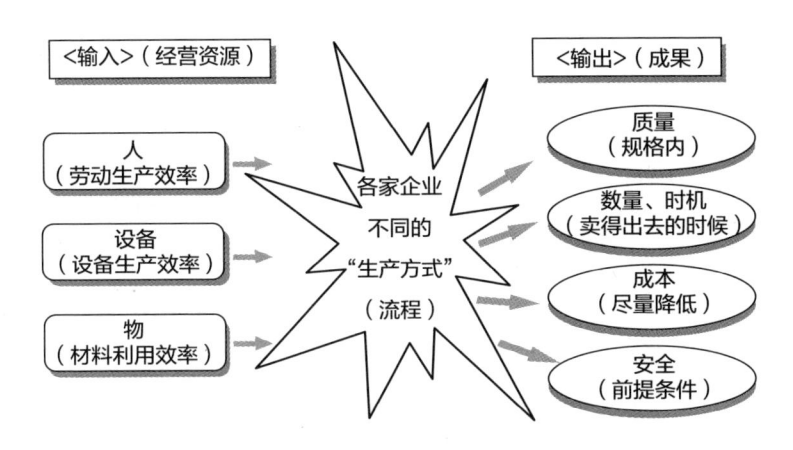

图2-3　生产方式的好坏决定利润（成本）的多少

企业将经营资源——人、设备和物投入到工厂中，用企业各自的生产方法生产出具备"质量""数量、时机""成本""安全"等要素的产品（输出、成果）。

企业的生产目的在于输出，而顾客会先将企业的输出和其他企业的输出相比较，再决定是否购买。产品在这几个要素中的任何一个上有欠缺，都不会被顾客选中。企业在均衡发展这几个要素的同时还需要具有自己的特点和优势，这一点很重要。

例如，从数量和时机（交货期）上来说，缩短生产时间不是企业的目的。企业的目的是减少生产批量，增加生产次数，"在需要的时候，仅按所需的数量生产所需要的产品"。总之，要明确企业的"目的和理想状态"。

接下来，我想说一下"生产方式的好坏"是怎样决定"输出（利润）"的。

❖ 安全和质量是先决条件

要确保产品的"安全"性，保证发生危险的概率为零。自己不做也不让他人做危险的工作，尤其在检查生产线和更改生产线时，首先要确认是否安全，优先考虑员工和地区居民的安全。最近，环境因素变得越来越重要，不采取环境对策就不会有企业的繁荣。从众多的电视报道和报纸新闻中我们已经看到了这一点，那些对环境造成严重破坏的企业最终不可能发展壮大。

这里所说的"质量"是指"制造质量"，即评判产品是否是按图纸指示生产出来的，以及其产品性能是否稳定。换句话说，即是"在制造工序中严把质量关"。

确保安全（环境）和质量是先决条件，只有做到了这两点，生产活动才能真正开始。

❖ 不长于其他企业的过程周期是确保生产数量和生产时机的武器

企业在生产产品时一定要贯彻"能卖多少就生产多少"的理念，不能抱着在未来什么时候能卖出去的想法搞大量生产。从准时生产的观点来说，就是企业要在"现在只生产必要的数量"的理念的指导下，力保企业内的产品流动顺畅、透明。

当然，一定要严格遵守交货期。如果企业的过程周期比市场上（竞争对手）普遍的过程周期要短，则相当于企业多了一个重要的武器。以往，为了缩短交货期，大多数企业选择在离客户近的地方设立仓库，以库存来应对客户的短期订货。但是现在，由于产品种类多，更新换代快（这一点在电子产品上表现得尤为突出），库存对策已经表现出明显的局限性。实际上，积压在库存中的大多是在国外生产的产品，而且这些产品中的次品问题严重，让很多质检人员深感头痛，也增加了检查费用和修理费用。

此外，不准确的需求预测会导致产品生产过多，卖不出去，以致很多企业迫不得已廉价出售，对企业品牌造成了极大损害，有些企业甚至选择了销毁处理。总之，这些都给企业造成了很大的损失。

实现比市场普遍情况更短的交货期的方法是尽可能从上一

道工序开始实行订购生产，以极力减少后工序的库存，缩短过程周期。从现金流的观点来看，这一点变得越来越重要了。

❖ 要始终致力于降低成本

和成本之间的斗争与和质量、数量之间的斗争不同，它是永无止境的。下面让我用事例来说明这一点。

如果一个生产管理者去海外出差了几天，他回来首先问的一定是："有没有什么特殊的情况发生？"而下属一般会回答："一切都还正常。"他所说的正常应当是指没有员工受伤、产品质量没有出现问题、产品在按计划的数量生产。

但是，这种状态只是在努力维持质量、数量、交货期、成本的原有水平，如果竞争企业在不断进步，这种状况无疑是一种倒退，所以我们不能用"一切正常"来形容这种状态。要想降低成本，仅凭维持现有水平是行不通的，不改变生产方式（手段），成本是不可能得到降低的。

针对上述情况，首先要设法减少"库存"和"人员"。当然，改变生产方式就不能保证"一切正常"了，所以在减少"库存"和"人员"后要迅速调整生产状况，使之恢复正常，这样才算真正降低了成本，对企业经营起到了帮助作用。

同时，减少库存可能会出现不得不改变组织结构的情况，或者是稍微一点差错便能酿成大问题，使企业运营无法正常进行。为了使企业运营恢复到正常状态，需要采取一些改善措施，如尽量减少加班。

第二章　现场改善理念和实践方法

在企业运营恢复正常后，要考虑进一步减少库存和人员。在这个过程中，成本会逐渐得到降低。之所以说企业和成本之间的斗争是永无止境的，原因就在这里。

"使企业运营恢复到正常状态"可以理解为对生产现场作出改善。如果只是维持现有状态，企业非但不能进步，反而会一直倒退。而且，如果什么也不做，人才培养就无从谈起了。

总之，我们要始终致力于成本的降低，因为成本持续降低才是企业的正常状态。

第六节 （材料、设备、劳动）生产效率的理念和生产第一线的重要性

从经营资源（输出）的角度来看，降低成本就是提高生产效率。提高人、设备、物的生产效率，即提高"劳动生产效率""设备生产效率"和"材料生产效率"。

❖材料生产效率容易被模仿

材料的生产效率取决于采用何种材料、何种加工方法来实现规定的性能和功能。它和生产过程密切相关，也与设计以及生产技术过程中的材料和加工方法的选定有很大关系。因此可以说，企业的技术开发能力和长期积累的资源对材料生产效率有很大影响。

同时，新产品一旦推出市场，竞争对手就可能会购买它，并对其进行拆解、分析。如果没有知识产权的保护，产品极易被模仿。同理，我们也可以模仿其他企业的产品。东亚和东南亚一些国家和地区的仿造产品姑且不论其优劣，都是非常有名的。当然，材料加工方法等现场技术是无法被模仿的，所以企业今后要引起足够的重视。

第二章　现场改善理念和实践方法

❖ 设备生产效率也易于被模仿

下面我们来讨论一下设备生产效率。现场有很多提高生产效率的方法，如缩短作业转换时间和周期等。工序该如何设计、该投入怎样的设备等都是企业拥有的生产技术能力，可以说它决定了设备生产效率。

然而，竞争对手一般都能通过某种途径获知我们用的是什么样的设备（当然我们也能知道它们的），只要有资金就能购买到相同的设备，因此说设备很容易被模仿（我们也能模仿其他企业的）。设备生产厂家在其中起到了一种媒介作用。

但是，生产现场自己花费心血研制出来的内部机器、夹具和一些小装置等不在此列。最近，很多企业都开始对这类产品采取保密措施，这是很重要的。

❖ 企业间在劳动生产率上拉出差距

下面我想就劳动生产率的问题谈一下自己的见解。员工的作业方式，即怎样利用设备来进行生产是很难被其他企业知晓的。即使其他企业知道了也很难进行模仿。之前有很多企业在搞自律机制的研修活动，但很少听说有哪个企业因此发生了实质性的改变。无论见习了多少次，写了多少研修报告，人员的操作方式都是很难被模仿的。这就像外行看专业的高尔夫选手打球一样，无论看多少次，外行的水平也很难得到提高，即使专业人士解释了其中的技巧，外行也很难一下子取得进步。

因此，劳动生产率和材料、设备生产率不同，它不可能在一朝一夕间得到进步。生产效率与以往的成功经验和人息息相关，它是生产现场的历史和文化的产物，要改变它绝非易事。只有带着"改善员工的作业方式"这一强烈意识，每天积累改善的经验，才能实现这一目标。因为它的难以模仿，所以日复一日的努力成为拉开企业间差距的决定性因素。而一旦被拉开差距，就再难迎头赶上。所以，我们要重新认识劳动生产率的重要性。

每个行业的制造现场的成本构成都不同。在制造产业中，劳务费一般占20%，对劳动生产率的贡献较小，所以很多人觉得应该将视线转移到其他的零件购买费用和设备的折旧费上。但是购入零件和设备的制造中也含有劳务费，所以劳务费对劳动生产率的影响比我们想象的要大。我个人认为，产品成本的百分之百都出在劳务费上。

生产现场要充分认识到提高劳动生产率是企业赖以生存的基础，绝不能轻视或过低评价生产现场的劳务费，要不惜一切努力去减少它。

第七节　深入思考库存问题

让我们再回到图 2-2 的"容易看出来的浪费"和"可以判断的浪费"上。企业要极力减少库存，实施准时生产。所谓准时生产，就是"在需要的时候，仅按所需的数量，生产所需要的产品"。换言之，就是满足顾客的要求，及时生产出其需要的数量的产品，并在交货期内交货。在需要的时候，仅按所需的数量，生产所需要的产品并及时交给顾客，收回货款。这是一个非常合理的企业经营过程。

但是，它实施起来却非常困难。从现场的实际能力来说，必须确保有一定数量的库存，但只要有库存存在，就会给企业经营带来诸多弊端。

❖积压库存会掩盖现场的各种问题

库存会占用一部分购入的材料和零件（现金流出），这是库存本身存在的浪费。此外，库存还带来了很多其他浪费：库存需要很多箱子和存放空间，企业不得不租借仓库或自建仓库；企业还不得不负担仓库的搬运工具的费用、管理费用等。这些浪费是库存带来的新的浪费。

同时，库存还导致了企业资金周转率的恶化。现金流通不畅，最有害的一点就是掩盖了现场的各种问题，容易让人忽视改善和改革的必要性，使生产现场的效率不断恶化。

我想用图 2-4 和图 2-5 来说明这个问题。横线表示水面（库存量），水面以下的障碍物是隐藏着的问题。如果水位高，船就能顺畅航行，不会撞到水下的障碍物。如果水位低，各种障碍物就会露出水面，导致船无法航行。其实，水下的障碍物是一直存在的，只是水位高的时候它们显现不出来而已。如果将水位当作库存量，将障碍物当作现场的各种问题，我们可以得出以下结论：库存过多会掩盖各种问题，表面看上去风平浪静，实际却危机四伏。

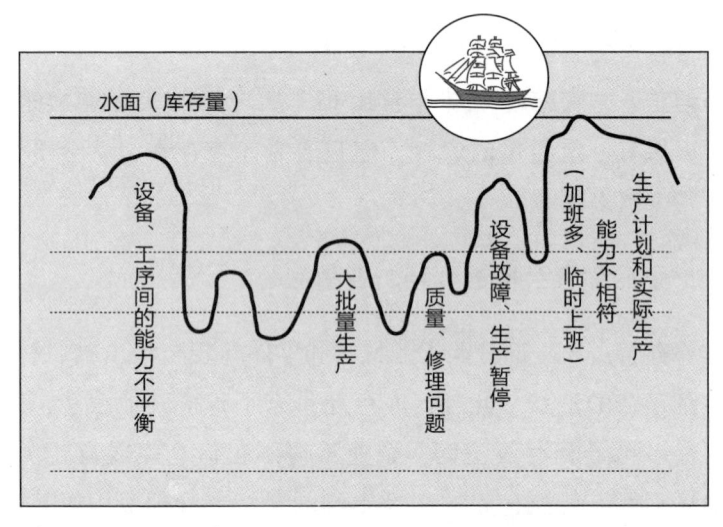

图 2-4　积压库存（生产过剩的浪费）会掩盖现场的各种问题

第二章 现场改善理念和实践方法

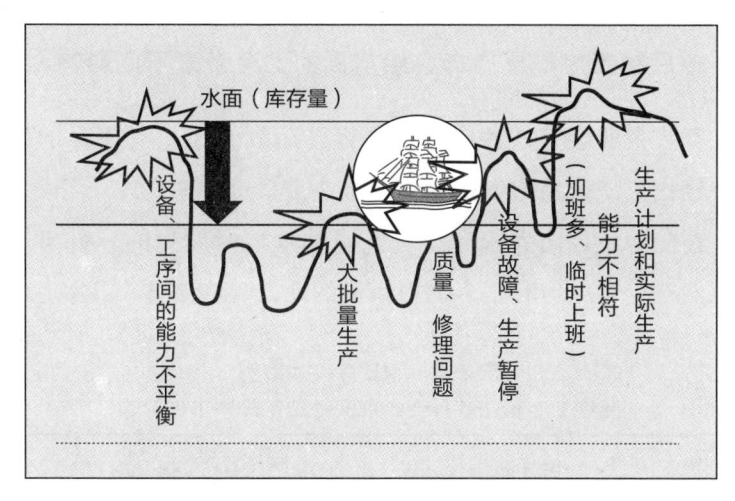

图 2-5　减少库存，现场的问题就能显现出来了

假设企业有四个小时生产量的库存，有一天生产流水线突然出现故障，造成一个小时无法生产。这种情况下，因为有库存，所以不会造成什么大问题，员工也不会将故障报告给上司。但是如果企业只有一个小时生产量的库存，发生这种情况就有可能无法向顾客交货，或者不能向后续工序（客户）供货，从而造成大问题。我们可以看出四个小时生产量的库存掩盖了生产线中断一个小时的危机，这导致企业不会思考如何防止同样的故障再次发生，也不会为尽快恢复生产而在日常便注意培养员工的恢复技能，如保管最新图纸和常备预备品等。

只有减少库存，让各种问题无藏身之处，企业才能通过解决这些问题提高现场的生产能力。减少库存能促使现场进步，而积压库存只会阻碍企业发展。因此可以说，库存的最大害处就是掩盖了现场存在的各种问题。

❖ 后续工序积压库存会给前面的工序带来不良影响

很多企业会有这种错觉：顾客（后续工序）有库存的话我们就轻松了。这种错觉往往会给企业带来重大损失。

在此，我想向大家介绍一下石油危机时发生的一件事。故事虽然有点老，但有很多值得借鉴的地方（表2-1）。

表2-1 积压库存的事例
（后续工序积压库存会给前面的工序带来不良影响）

月份 厂家	1月	2月	3月	4月	5月	6月
农器械生产厂家 ·E/G生产 ·驾驶台库存	10 000 10 000	10 000 10 000	3 000 7 000	3 000 4 000	8 000 8 000	10 000 10 000
驾驶台生产厂家 ·驾驶台生产	10 000	10 000	0	0	12 000	12 000

作为后续工序的农器械生产厂家持有一个月的驾驶台库存。

某农器械生产厂家每进行一个月的批量生产，就要先准备一个月的量的驾驶台。其1月份、2月份分别生产10000台器械，所以驾驶台生产厂家在1月份、2月份分别向农器械生产厂家交货10000个产品。3月份受石油危机影响，农器械的生产量只有3000台，所以剩下了7000个驾驶台，向驾驶台厂家订货的数量为零。农器械生产厂家4月份和3月份的生产产量一样，仍是3000台，这样还剩下4000个驾驶台，所以向驾驶台厂家订货的数量还是零。5月份经营状况好转，农器械生产厂家计划生

第二章 现场改善理念和实践方法

产 8000 台，所以需要 8000 个驾驶台，再加上需要为下个月准备的 8000 个，减去库存中的 4000 个，农器械生产厂家最终需要向驾驶台厂家订货 12000 个产品。6 月份农器械生产厂家欲恢复到原来每个月 10000 台的生产量，就要再订购 12000 个产品。

农器械生产厂家这几个月的生产数量分别是 10000 台→3000 台→3000 台→8000 台→8000 台，向驾驶台厂家订货的数量分别是 10000 个→0 个→0 个→12000 个→12000 个。如果客户（后工序）积压库存，供货厂家（前工序）的生产量的上下摆动幅度就会变大。如果库存量很少，如只有一天的库存，那么农器械厂家的生产量就几乎等同于向驾驶台厂家订货的量。

驾驶台厂家为应付这种订货量的上下浮动，只好按生产量最多的时候的需求来雇用人员、购置设备，或者存储库存，无论采用哪种方法成本都会增加，所以农器械厂家最终只能以较高的价格来购买驾驶台。

这种关系和企业内的生产和销售的关系相同。如果销售仓库积压数周或数月的库存，就会出现同样的现象。当然，积压数月的库存听起来很不现实，但在那些销路不佳的产品上经常会发生这种问题。此外，从国外采购产品或零件的过程周期比较长，很容易造成后工序积压库存，像上述例子中的生产量大幅摆动的情况也时有发生。

总之，后工序积压库存会带来很多不良影响，减少库存会为前工序减轻负担。

而且，把生产计划（前工序）集中在一起容易导致过程周期变长，让企业错过最好的销售时机。这样一来，销售（后工序）为防止出现缺货只能积压库存。因此，生产部门一定要缩短过程周期，及时生产出适量的产品来供货给销售部门。

❖ 库存方式有好有坏

虽说最好不要留有库存，但也有不得不留有库存的时候。这时候要注意不要让库存变成水库，而要使它发挥蓄水池的作用。下面我想就这一点作出说明。

水库是在水流的中间蓄水，水量变成了库存量。建造水库的目的是在雨季和旱季调节水量，以防下流发生问题。

在生产流水线中，如果通过持有库存来调节生产会产生上述掩盖现场各种问题的不良后果。而为了让问题浮出水面并改善它就不能保有库存，要让水流快速流动。话虽如此，如果发生什么问题给后工序带来麻烦就得不偿失了。

因此，企业要以不处在水流上的"蓄水池"的形式持有库存，这样就可以让生产流水线快速流动。一旦发生问题，无法及时交货，就可以征求领导的同意先借用蓄水池中的库存，然后再考虑对策，强化现场的生产能力。如果采取对策后问题越来越少，或者短时间内能马上恢复正常生产，企业就可以逐渐减少蓄水池的量，直至库存完全消失。

❖ 不可避免的库存

那么，如何才能减少库存呢？我想提出以下几点措施。企业中的"物"是标准持有品和库存的和，用公式表示如下：

> 物=标准持有品+库存（可以避免的库存+不可避免的库存）

正在操作的物和正在设备上进行加工的物称为"标准持有品"，未加工的物称为"库存"。

对企业来说，在生产流水线上最好只有标准持有品，但总会不可避免地持有一定的库存。

例如，在冲压工序中，其库存量是标准持有品量的几千倍；在成型工序中，库存量是标准持有品量的几百倍；在组装工序中，库存量是标准持有品量的两倍。

所以减少现场的"物"不是要减少标准持有品，而是要减少库存，这样效果更明显。此外，企业应该通过加快现有生产线的流动速度来减少库存，而不是增加设备和工序。

库存分为可以避免的库存和不可避免的库存两种，持有的库存属于不可避免的库存。

不可避免的库存分为以下三种（图2-6）：

（1）在某个时期内销量特别好，需要有一定数量的产品库存。

例如，圣诞蛋糕、年糕、空调、暖气片等有季节性特征的产品需要根据时期留有一定量的库存。

（2）客户希望的过程周期在现有的技术水平上无法实现时。

客户要求的交货期短于行业一贯的交货期时，只能动用库存来满足客户需求。

（3）从物理原因和现有技术水平上来说必须保留的库存。

例如，用卡车运输就要有一卡车量的库存；在压床等批量生产的工序中，即使批量再小，也要生产一个批量的产品，因为要考虑到设备的生产效率，而这些产品就会变为企业的库存。

以上列出的几种库存是企业不可避免的库存，其他库存都是可以避免的，要尽量减少。要想减少成本，缩短生产和搬运的过程周期很重要，这一点我将在下文予以阐述。

为什么会有"不可避免的库存"？
- ▼ 客户的订购量有波动，所以不可避免
- ▼ 从客户希望的过程周期（市场行情）上来说也不可避免
- ▼ 在现有的技术水平上企业不可避免地需要保有库存
  - 物流中卡车的载货量
  - 压床的加工方法

其他应视为

"可以避免的库存"，要尽量减少

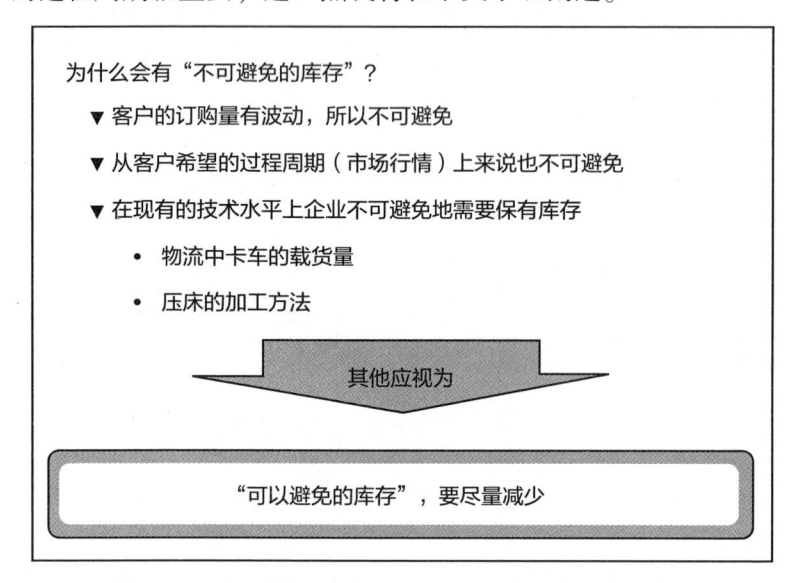

图 2-6　"可以避免的库存"和"不可避免的库存"的要点

❖ 库存由三个要素决定

库存由"减少库存的管理方式""搬运批量"和"生产批

量"三个要素决定（图2-7）。

库存=减少库存的管理方式·搬运批量·生产批量

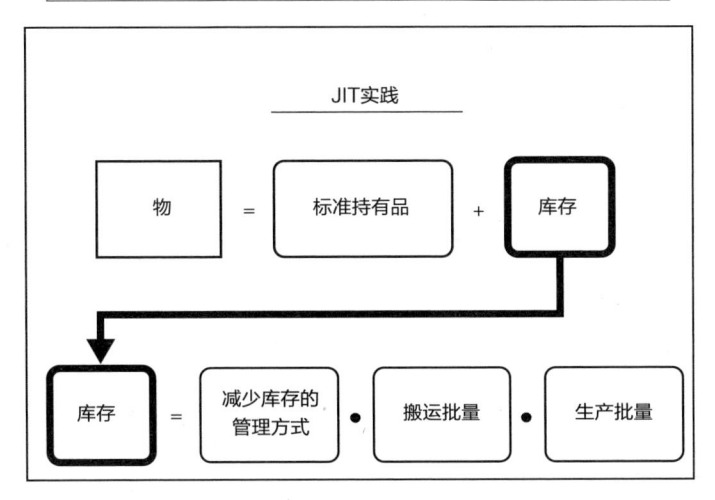

图2-7 库存的三要素（减少库存的管理方式、搬运批量、生产批量）

❖ 减少库存的管理方式

所谓减少库存的管理方式，是指在现有的搬运批量、生产批量的基础上，在保证后工序不缺货的前提下，尽量削减后工序和本工序的库存。企业要通过判断交货前的库存水平和交货后的库存水平是不是达到最小来判断管理方式的好坏，因为在交货或发货的途中很难判断管理方式的好坏。依据这种做法，丰田独创了"看板方式"，而看板上显示了"什么时候搬运什么、生产什么以及数量"等信息。如果按照看板指示操作，就能将库存最小化且不会出现缺货的情况。如果出现缺货，则一定是在生产和搬运过程中出了问题。因此，看板不但起到了展示信息的作用，还帮助管理者发现了在减少库存的过程中发生的问题。

但是，现在很多企业倾向于运用制造资源计划（MRPII）方式，这是在肯定现有的搬运和生产方式的基础上采取的最合理的库存方式。因此我认为，这种方式重在延续现有方式，不能帮助企业向减少库存的方向前进。比起这种方式，看板方式更能显示出现场的问题，从而运用现场员工的智慧改善生产方法和搬运方法，将库存减少到原来的1/10（请参照第四章的事例）。

企业减少库存应以理想状态为目标，而不应以减少到现状的百分之几为目标。有些企业因为将库存减少到了原来的一半就扬扬自得地在发布会上作报告，我希望这些企业意识到达到企业理想状态的距离，毕竟现在的库存还多了好几倍呢。总而言之，企业一定要在保证不会缺货的前提下尽量减少库存，这样才能对企业的经营有所贡献。

经常有人将"类似看板方式的方式"误认为"看板方式"，这是因为现在所有的库存上都带有类似看板的小牌子，但现场的状况并不会因为有了这些小牌子就好转起来。做类似看板方式的事情并不是目的，重要的是清楚库存离理想状态还差多少，意识到看板只是减少库存的一种手段，不必拘泥于看板或MRPII方式的做法（图2-8）。

```
                    管理的目的、理念
    ┌─────────────────┐      ┌──────────────────────┐
    │  在保证不会缺货的 │ ───▶ │ 手段                  │
    │  前提下尽量减少库存│      │ • 看板方式            │
    │                 │      │ • MRPII方式           │
    │                 │      │ • 类似看板方式的方式    │
    │                 │      │ • 其他                │
    └─────────────────┘      └──────────────────────┘
```

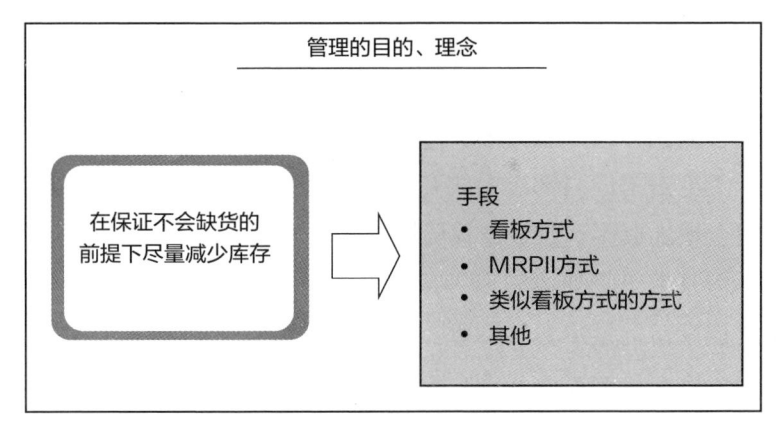

图 2-8　减少库存的管理方式

❖ 用库存倍数评价生产现场的水平

关于判断管理方法好坏的方法，我想向大家介绍"库存倍数"这一概念。

首先，让我们在存放场所每次的发货量或进货量中选择较大的一个。如果是发货量比较大，那么计算一下在发货前库存量是发货量的多少倍；如果是进货量比较大，那么计算一下在进货后库存量是进货量的多少倍。这个数字就是所谓的库存倍数。

如果这个倍数是1，就说明现在的管理方式是最佳的。我们可以从这个数字上看出库存的管理水平：如果倍数超过1，即使有各种理由，也一定要采取改善措施；如果倍数接近1，那么应该进一步减少搬运批量和生产批量，从而使库存得到减少。总之，所有企业都要以"库存倍数是1"为目标来改善库存管理方式。

❖ 搬运批量应尽量做到少而精

下面我想就搬运问题谈一下自己的看法。

无论是工厂内部还是工厂之间都要尽量做到不搬运,因为搬运会增加成本,延长过程周期。

但是由于陈列或场所等原因,有时不得不进行搬运,这时就要使搬运批量尽量少一些,因为搬运批量大的话,搬运前后就会发生大量的库存积压,延长过程周期,而增加搬运次数可以减少"搬运等待"的时间和"搬运中的库存"。当然,由于这样会增加搬运费用,所以每次搬运要保证一定的量。"多次多种混载搬运方式"就可以同时保证"小批量搬运和劳动生产率",这种搬运方式的特征是每次搬运的量大,但每种产品的量很小。

以这种方式为基础,我想谈一下工厂内部工序之间的搬运方式的决定方法。

搬运时间为"移动时间"和"搬出搬入时间"的和,可以用下面的公式来表示。

> 搬运时间(搬运周期)= 移动时间+搬出搬入时间

这里所说的时间,是指一个周期的时间。

移动时间指将物从一个地方移动到另一个地方的时间;而搬出搬入时间指将物搬到车上再搬入货柜的时间,所以它不由搬运次数决定,而由工作量决定。经验告诉我们,移动时间占总搬运时间两成的时候,采取混载的方式最方便,且搬运效率

第二章　现场改善理念和实践方法

也是最高的。所以，搬运时要计算移动时间，将移动时间的五倍作为搬运周期。

下面我以工厂内的搬运为例进行一下说明。

如果一个周期的移动时间为2分钟（约200米），那么搬运周期就是10分钟。虽然这会使生产效率降低20%，但可以通过多次混载方式减少库存，在库存和生产效率之间取得一个平衡，使两者得以兼顾。这里所说的20%只是一个经验值，我们可以通过不断改善使其和以往的大批量搬运相比生产效率得到进一步提高。

如果将上述事例中的搬运周期定为20分钟，那么移动时间就占总搬运时间的一成。但这只是计算得来的数字，实际还不到这个数，因为搬运量增加了一倍需要使用更大、更重的搬运工具，搬动起来更麻烦，在搬运工具上寻找物品箱的时间也会增多，因此造成的损失也比想象的大。"移动时间两成，搬出搬入时间八成"的搬运方式有助于减少库存，提高劳动生产率，并且还能缩小搬运前后工序的库存面积。

❖ 最好将工序设计成流水形式

为了尽量缩短过程周期，最好将工序设计成流水形式的，因为操作者在工序间搬运的东西只有标准持有品，即加工机上的物品，这大大缩短了过程周期。如果加工操作者和搬运者不是同一个人，两个人之间的标准持有品至少有一个，这样的话过程周期便会延长。如果一定要分割工序，至少要做到工序间

067

的搬运是一个一个进行的。

对准时生产模式来说，工序的流水线化是非常重要的。

❖ 生产批量也要尽量做到少而精

生产批量也要尽量做到少而精，这样才能减少库存。如果将生产批量减少的话，过程周期必然会缩短，库存也会减少。因此，企业首先要做的就是记录每天接到的订单中的全部产品号码。

减少生产批量，作业转换时间一定会增加，而如果不减少每次的作业转换时间，总的作业转换时间就一定会增加。

作业转换时间是内部作业转换时间和调整时间的和。

$$作业转换时间 = 内部作业转换时间 + 调整时间$$

这一点我在这里就不详述了。需要注意的是，在设备能力不足的时候，可以将内部作业转换改成外部作业转换[①]，以免去调整操作，缩短作业转换时间。这样一来，设备驱动的时间就会增加，可以弥补设备不足的问题。我们可以以将总的作业转换时间缩短到驱动时间的 1/10 为目标，增加作业转换次数。企业要先制定每天的产品号码清单，尽量缩短作业转换时间。

此外，在定时驱动时间内没有什么工作的工序中，除生产必需的时间外，其余时间都可以用到作业转换时间上，增加作

---

① 内部作业转换指把设备停下来进行的作业转换。外部作业转换指可以在设备运转当中进行的作业转换。

业转换次数，减少生产批量。同时，为增加驱动时间内的作业转换时间，可以研究设备的机械动作，缩短机器运转周期，这样就能缩短必要生产时间，为作业转换工作赢得更多的时间。

❖ 建立一个"鼓励减少库存的机制"

为了缩短过程周期，必须增加作业转换次数，减少生产批量和库存。但因为很多企业的评价体制只重视劳动生产率，并没有将库存的多少纳入评价项目中，所以大家都想尽量缩短作业转换工时，减少作业转换次数。

鉴于此种情况，我征得了一个企业经营者的同意，让他招入一名作业转换方面的专业人才，增加作业转换次数。结果，企业的库存减少了，前后工序的重要员工也得以明确，即使减少一些非重要的操作人员，只要实施一定的改善措施，就不会对作业产生丝毫影响。由此可见，通过减少前后工序的员工就可以提高企业劳动生产率，减少库存。

还有一种方法，即在劳动生产率评价项目中给每一次的作业转换时间设定一个标准，这样现场即使增加作业转换次数也不会降低劳动生产率，并且能激励现场员工积极增加作业转换次数。此外，采取一些改善措施减少每次作业转换的工时数也能提高效率，这也有利于员工们增加作业转换次数。只要采取了这些措施，企业就能在提高劳动生产率的同时减少库存，缩短过程周期。希望企业能修改自身的评价机制，鼓励员工增加作业转换次数，减少库存，缩短过程周期。

第八节　深入思考劳动生产率问题

❖ 劳动生产率由三个要素决定

下面我想谈一下提高劳动生产率的方法。劳动生产率由三个要素决定，即"管理方式的好坏""员工人数的最小化"和"高效的操作动作"（图2-9）。

```
劳动生产率由什么决定
  管理方式的好坏
  （削减经营流水线中一切不必要的因素）

  员工人数的最小化
  （少人化管理）

  高效的操作动作
```

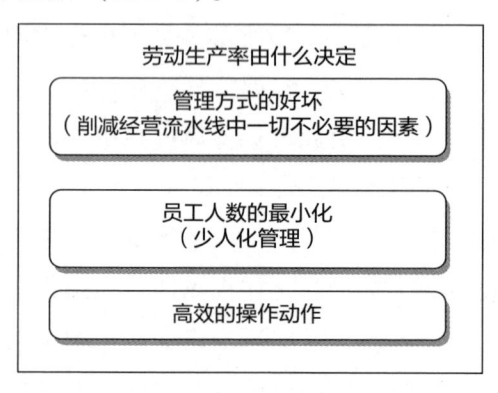

图2-9　决定劳动生产率的三个要素

❖ 管理方式的好坏（削减经营流水线中一切不必要的因素）

企业应只生产所需数量的产品，并且明确生产这些产品需要多少人，配置相关人员。为此，企业必须掌握生产一个产品需要多长时间，按照生产量投入适当数量的员工。

同时，人事部门不能只按现场要求去招聘员工，而要分析公司整体的情况，擅长把其他部门富余的员工调到人手不足的部门去，这样可以避免招入不必要的员工。从企业整体的必要生产量推算出员工数量并进行合理分配，企业要建立一个这样的机制。如果做不到这一点，就很可能把过多的人员投入生产线中，导致企业生产过剩或阻碍企业生产率的提高。

❖ 员工人数的最小化（少人化管理）

"少人化管理"是指在保证生产效率的前提下，给生产线配置必要的人员。出于生产量的增减，人员数量会有所浮动，而要构筑一条在这样的情况下仍能维持作业平衡的生产线，必须从建立生产线的时候就考虑到让生产线能多负担一人份的工作。

假设某条生产线在工作时间内能够完成工作，但维持原状的话生产效率就得不到提高。此时，企业可以从这条生产线上减掉一个人。当然，减少一个人后这条生产线上的人员就得加班。为了解决这个问题，企业可以通过改进技术缩短加班时间，这样做既可以提高生产效率，也能对企业经营起到帮助作用。

需要注意的是，由于加班时间有一个限度，所以生产线需要配备一个由最少的人组成的小组。

例如，某条生产线的固定工作时间是 8 小时，允许加班时间（t）为 2 小时，那么就要考虑它需要多少员工（整数 n）来组成这个小组。

假设需要的员工为 n 人,那么减少一人后就是 ($n-1$) 人,由此可以得出下面这个方程式:

$$8 \text{小时} \times n = (8+2) \text{小时} \times (n-1) \text{人}$$

n(整数)为 5(人)时,意味着需要成立 5 人以上的小组。

用方程式表示就是:

$$n \times 8 \text{(一定时间)} \leq (n-1) \times (8+t)$$

如果只能加班 1 小时,那么最少需要 9 人(图 2-10)。

在不降低生产效率的前提下,
根据必要的生产数量,用最少的人员来建立生产线

即如果生产线在工作时间内能够完成工作,
就减少一个人,维持生产线的作业平衡
(要始终维持多出一个人的工作量的状态)。
在减少一个人后,为了保证在允许加班的时间范围内完成生产,
需要一个由一定数量以上的人员组成的作业小组。

允许加班时间(t)	2h	1h	0.5h
必要作业者人数(n)	5人以上	9人以上	17人以上

$n \times 8$(一定时间)　　$(n-1) \times (8+t)$

图 2-10　少人化管理的要点

在不降低生产效率的前提下,根据生产数量配备适当的人员进行生产,需要从组建作业小组的角度考虑生产线的构成、多能工化以及配置位置。

❖ 高效的操作动作

下面我想谈一下高效的操作动作。如果能发现人在动作上的"浪费"并排除它，一定能提高生产效率。虽然动作上的浪费很难被发现，但它带来的效率提高的效果是惊人的。我曾经用圆珠笔的例子向国外的员工解释动作方法是如何对操作时间产生重大影响的。在这里，我想重述一下这个例子。

图 2-11 是将两支圆珠笔插上笔帽的动作。图上的动作速度都是一样的。

比较图 2-11 中的①和⑤就会发现，虽然动作的速度相同，但左右手动作的改变可以将操作时间缩短到原来的1/3。

下面我来说明一下各组动作的不同。

（1）①右手在取圆珠笔时左手处于等待状态，而当左手去取笔帽时右手开始等待。②双手是同时动作的，省去了等待时间。

（2）①右手将插好笔帽的笔放到了右前方，左手处于等待状态，而右手在移动状态中没有做任何动作，也可视为在等待。③改为边向右前方移动边插笔帽，省去了双手的等待时间。

（3）④将插上笔帽的笔放到了正下方，缩短了移动时间。

（4）①到④都是用双手来完成插笔帽的动作（双手操作），而⑤是用一只手完成这个动作，双手可以同时完成插两支笔帽的动作。

关于怎样发现动作的浪费，迄今为止已经开发出了很多方法，如吉尔布雷思的"时间—动作研究法"等，希望大家能够参考。

（给圆珠笔插笔帽的动作）

①右手拿起笔，然后左手拿笔帽，插上笔帽后，用右手将它放到右前方。　　　　　　　　　　　（2支）9秒
②两手同时动作，右手拿笔，左手拿笔帽，插上笔帽后，用右手将它放到右前方。　　　　　　　（2支）7秒
③两手同时动作，右手拿笔，左手拿笔帽，两手边往右前方移动边插上笔帽，然后放下。　　　（2支）6秒
④两手同时动作，右手拿笔，左手拿笔帽，插上笔帽后，放在正下方。　　　　　　　　　　　　（2支）5秒
⑤用夹具固定好笔帽，两手同时各取一支笔，插上笔帽，放在正下方。　　　　　　　　　　　　（2支）3秒

图 2-11　实例演示高效的操作动作

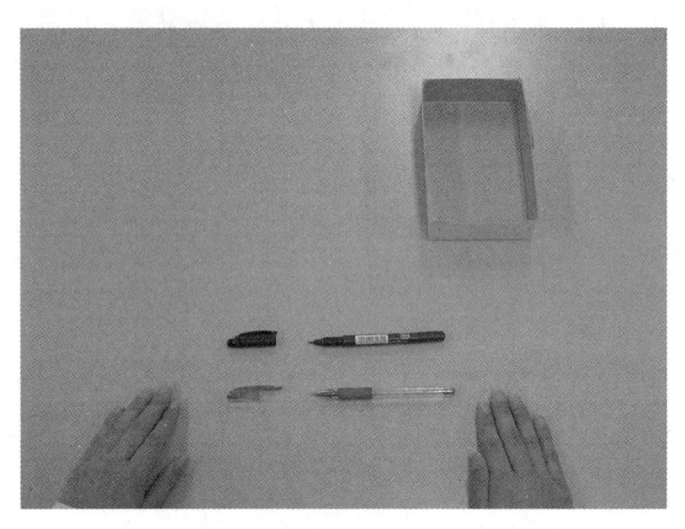

图 2-12　高效的操作动作实例演示（图 2-11 的①②③）

第二章　现场改善理念和实践方法

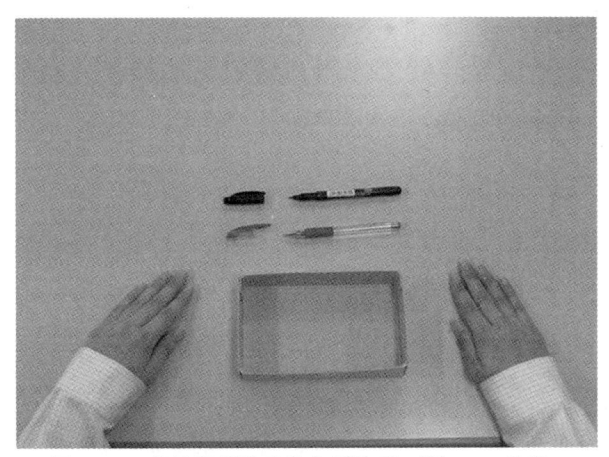

图 2-13　高效的操作动作实例演示（图 2-11 的④）

如果两人同时进行操作，由于时间上的不合拍，经常会出现等待的情况，所以共同作业上的动作浪费应极力避免。

下面我将用照片向大家展示一下三种动作方法（图 2-12、图 2-13、图 2-14）。

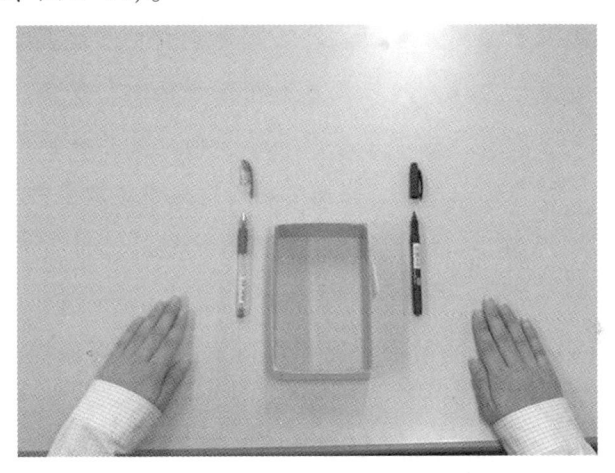

图 2-14　高效的操作动作实例演示（图 2-11 的⑤）

❖ **将无效的操作转化为附加价值高的操作，从而达到提高劳动生产率的目的**

当我还在丰田工作的时候，有很多人对我说："丰田无论什么时候都在搞劳动强化。"管理顾问中也有很多人这么认为。

每当这个时候，我都会这样回答他们。

假设有这样一个工作，要将几个零件组装好，然后放到成品区内。

现在，让我们把这一系列的操作动作（操作要素）细化。其中，附加价值高的组装动作只要花很小的力气就可以完成，而取零件、放成品的动作虽然是必要的，但它们本身属于浪费的动作，因为它们不会带来附加价值。如果零件箱和成品箱的距离再远一点，需要做出转身、蹲下等动作，那么花在这些动作上的精力就更多了。丰田的做法就是减少花在这些本来并不必要的动作上的力气，只将精力用在会带来附加价值的动作上以达到用更少的力气生产更多产品的目的。这和在原有操作方法的基础上强化劳动强度、提高劳动速度有着本质上的不同。

这样和他们解释，大多数人都能理解。

❖ **识别表面上的效率提高和真正意义上的效率提高**

接下来，我希望大家能和我一起更加深入地思考劳动生产率的问题（图2-15）。

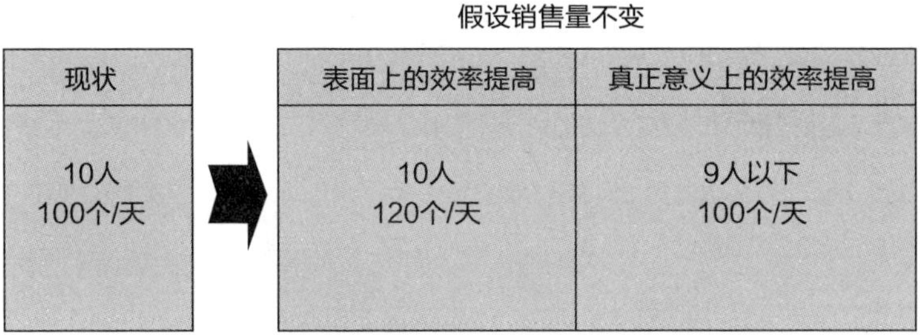

第二章 现场改善理念和实践方法

假设销售量不变

现状	表面上的效率提高	真正意义上的效率提高
10人 100个/天	10人 120个/天	9人以下 100个/天

图 2-15 表面上的效率提高和真正意义上的效率提高

众所周知，衡量劳动生产率的尺度是生产效率，即一个人生产了多少个产品。这种生产效率实际上也分为"表面上的效率"和"真正意义上的效率"。

假设原本 10 人的生产线能生产 100 个产品，现在能生产 120 个产品。以往是每个人生产 10 个，现在增加到了 12 个，也就是说效率提高了 20%。但是这个时候销售量成了问题：如果能卖出去 120 个，那么可以说效率真的提高了 20%；如果还是只能卖出去 100 个，那么只能说是生产过剩了，绝不能说效率提高了 20%。面对这个问题，企业该怎么做呢？答案是维持生产原来的生产量，减少生产线上的人员，争取让 9 个人或者更少的人来完成这个生产任务。

前者是表面上的效率提高，后者才是真正意义上的效率提高。企业生产产品一定要注重生产能卖得出去的数量，在避免生产过剩的大前提下来评价劳动生产率。遗憾的是，现在很多企业都是以"生产量"来评价生产效率的，而这种生产效率的提高对企业的经营效益没有任何帮助，个人也不会产生成就感和继续努力下去的干劲儿。

第九节　总结

企业存在本身便具有价值。考虑到企业员工生活的安定和对地区经济的发展贡献，企业必须持续发展下去。而为了维持企业的持续发展，企业必须赢利。为此，企业必须生产能卖得出去的产品，加快资金回流速度，维持良好的现金流状况。采取准时生产方式能使各种问题浮现出来，企业要采取对策防止这些问题再次发生。劳动生产率最能在企业之间拉开差距，因此提高劳动生产率对企业来说尤为重要（图2-16）。

❖ **从劳动生产率的角度来总结**

提高劳动生产率的方法有很多，可以通过提高动作速度来提高劳动生产率，也可以通过减少动作的浪费来提高劳动生产率。关于怎样提高动作速度，已经有很多方法被开发出来了，如WF、MTM、PAC等。但是，忘记只生产能卖得出去的数量的产品，一味地提高劳动生产率，将会给企业的经营带来不良影响。因此，企业必须把只生产必要产品的准时生产作为大前提。如果只是提高劳动生产率，每个人的等待时间就会变长，以后的生产效率就有降低的风险，所以企业要时常注意多给生产线

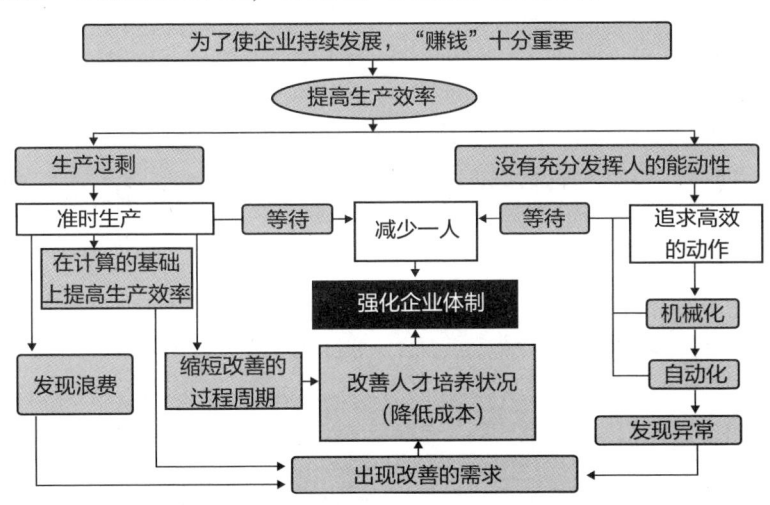

预留一人份的工作量,精简生产线上的人员配备。

图 2-16 现场改善的理念和实践(总结)

生产线上的人员精简后,如果只在可以生产的时间生产能生产的产品,企业就不会赢利,必须在必要的时间生产必要的产品。进一步说,企业要尽量做到按必要的数量生产必要的产品,了解现场的生产状况,如有没有以必要的速度生产必要的产品、没有看板的产品是不是正在生产等。

此外,将无价值的动作转化为附加价值高的动作也很重要。如果动作的效率得到提高,就可以缩短作业时间,每个人的等待时间就会变长,所以说要时常多给生产线预留一人份的工作量,这便是"少人化"的管理方式。无论是从"准时生产"的观点来看,还是从"高效的操作"的观点来看,这种管理方式都是很有必要的。

❖ 劳动生产率目标的制定方法

以准时生产方式为前提条件，我们应当怎样制定改善目标呢？下面我想就这个问题谈一下自己的看法。

首先，你可以选择作业小组在某一个瞬间的动作，观察有多少人正在工作，有多少人不在工作。每隔30秒测一次，共测3次，这样就可以大致推算出不在工作的人所占的比例。然后，你需要选择出等待时间短的人，观察他们的操作动作，大致估算出无价值的动作所占比例。最后，你可以将两种浪费的和作为提高劳动生产率的目标。

假设不在工作的人数占总人数的一成，无价值的动作占两成，那么你可以将劳动生产率提高的目标值定为三成。这样定的目标值一般比较高，但根据以往的经验来看其定位比较准，改善团队通过努力一般都能达到这个目标值。

❖ 从准时生产的角度来总结

如果采取准时生产方式来生产，作业转换次数就会增加，而如果不做任何改善工作，作业转换工作的时间就会增长，导致非生产状态的时间增长和生产成本增加。为了在不增加生产成本的情况下采取准时生产方式，就必须缩短每次的作业转换时间，这样即使作业转换次数增多了，总的作业转换时间也不会增加。我曾经仔细观察过作业转换工作的全过程，发现时间主要都花在找工具和对准模具上了。这样的话，事先将工具放

第二章　现场改善理念和实践方法

在一个固定的位置，并预先把模具对准安装好的制动器就可以节省作业转换时间了。这就是一个改善方案。重复这样的改善工作，最终可以实现在提高生产效率的前提下进行小批量生产，现场员工的改善能力也能得以提高。这会让他们愿意去现场，并根据现场的实际情况提出一些好的建议。

此外，实施准时生产方式后库存会减少，这样就能看出浪费出在哪里。就像前面列举的水面的例子一样，一旦知道浪费出在哪里，企业就可以实施改善措施，通过不断的改善提高生产效率，培养出优秀的改善人才。

同时，实施准时生产方式还能缩短过程周期。

减少库存、缩短生产的过程周期后，改善措施的实施效果立即就能看到，无论是成功还是失败，能早一些知道结果都是一件好事，对实施改善措施的人来说也是一件很有趣的事情。知道结果后，他们会想立刻进行下一步改善。换言之，就是在短时间内进步的机会增多了。

改善的过程周期缩短后，就可以在短时间内实施多次改善措施，对改善人员来说也是一次愉快的学习经历。

实施准时生产方式有两方面的成果：一个是可以计算的，那就是"库存的减少"；另一个是不可计算的，那就是"人才的培养"。这两方面的成果对企业来说都很重要。都说"企业既要造物也要造人"，对企业来说人才培养是非常重要的，即使是为了这个原因也要将准时生产方式一直贯彻下去。

我还在丰田任职的时候，很多人问我："丰田已经成功地将一个月的库存量减少到了现在几个小时的库存量,它还会继续坚持搞准时生产吗?"我每次都会这样回答他们:"库存减少这种可以计算的成果已经不那么明显了,但是为了不可计算的成果——人才培养,我们还会继续执行准时生产方式。"

今后,日本企业在国外的生产量会越来越多,但是这种理念还是非常重要的。都说在国外生产的成本便宜,也许往生产线多投入几个人,或者多积压一些库存不会增加太多成本,但我还是希望大家不要忘了人才培养的重要性,这是无法用数字衡量的。

❖ 如何评价生产现场

最后,我想归纳一下评价生产现场时的重点。

通过前面的叙述,我想大家已经明白了重点所在:(1)物;(2)劳动生产率。

(1)看物主要是看现场有没有按准时生产方式进行生产,即是否在极力减少库存、缩短过程周期。

为此,作业要确认采购前的采购品库存和交货后的成品库存。

如果它们的数量已经做到了最小且后工序没有缺货现象,则可以判断它采取了削减库存的管理方式,搬运和生产的批量很小。

相反,如果库存很多且后工序有缺货现象,则可以判断它的搬运批量和生产批量都很大,采用的是肯定现在的较长的过

第二章 现场改善理念和实践方法

程周期的管理方式。

（2）看劳动生产率主要看两个方面：一是生产线有没有实现"少人化"；二是作业时的操作动作是否高效。

①判断生产线是否实现"少人化"，主要是看有没有在等待的人。如前面"劳动生产率目标的制定方式"中所述，首先要看等待的人数占总人数的比例。如果有等待的现象，那么可以根据生产量给生产线多加一人份的工作量。为了做到这一点，生产线的人员构成和配备要小组化，而且这个小组的人数要小于等于最少人数。

这样做，月初一般都会加班。如果到月中得到改善，加班减少了，那么可以再增加一人份的工作量以提高生产效率。为了保证加班时间在允许的范围内，生产线的人员数量要有一个下限，企业要在这个下限的基础上尽量减少人数。此外还要考虑人员的配备，可以让组员之间相互替换作业。

为了消除等待时间，组员之间必须轮换工作岗位。为了保证作业的质量和速度，企业平时就要有计划地培养员工多方面的能力。

②关于"高效的操作动作"的判断方法，如图2-11所示，可以通过浪费的动作所占比例来评价现场的生产效率。

前面我也稍稍提及了如何找出动作中的浪费，关于这一点已经有很多方法被开发出来了，但内容都很复杂，用起来比较麻烦。例如，吉尔布雷思的"时间—动作研究法"非常细致，在生产现场运用起来比较浪费时间。

鉴于此，我想跟读者分享一下我个人的经验，只要关注以下几点即可找出动作中的浪费。

（i）是否存在动作等待。

（ii）手的动作幅度是否过大或过小。

（iii）手的动作结束时机是否合理。

（i）指手没有做任何动作，移动时呈空手状态，手上只是拿着东西没有做动作，动作没有带来任何附加价值。

（ii）看手的动作是否过大或过小，前者主要看手肘部位是否伸展或弯曲，后者主要看动作是否到位。

（iii）看动作结束后是否能立刻进行下一个动作，还是一直在保持前一个动作结束的状态。

如果分别观察左右手，查看起来会更加容易。

我希望诸位能从"物"和"劳动生产率"两个方面找出现场存在的各种问题。

第三章

交付设计的要点

- 交付设计的一大特征，就是不用库存来应对短期交货。
- 为了能在客户要求的交货期内从最合适的上流工序中减少库存，实现订购生产，就必须进行工序设计和设备设计，这个过程就叫交付设计。
- 订购生产的两个条件：(1) 将制造的过程周期缩短到客户要求的过程周期的 1/2 或 1/3 以下；(2) 具备只生产客户的订购量的能力。
- 销售部门和制造部门应该通力合作，将交付设计活动发展成整个公司的活动，最终使"交付设计成为企业无声的营销活动"。

第三章　交付设计的要点

第一节　写在前面

❖ 将终端客户的满意度当作目标的准时生产方式的必要性

丰田喜一郎认为，振兴日本必须走工业兴国这条路。于是作为实现这个目的的手段，他决定发展汽车产业，用日本人的手制造出汽车，迎接汽车时代的到来。实现工业兴国的手段有很多种，汽车生产可以说对工业兴国作出了巨大的贡献，是其中的一个非常重要的手段。

在工厂建设过程中，丰田喜一郎曾经说过："采取准时生产方式采购零件，工厂就不再需要仓库了。"这是准时生产方式的萌芽。

那么，大野耐一所追求的又是什么呢？我想他和丰田喜一郎一样，想为日本走上工业兴国之路作出贡献，想以高生产效率生产出在质量上不亚于世界上任何国家的汽车产品。他绝不是从一开始就以研究出丰田生产方式为目标的。

第二次世界大战后不久，丰田汽车资金紧缺且材料也配备不齐，只有发动机的汽缸集成却没有汽缸头，导致工厂制造不出发动机来。当时的丰田汽车处于无法生产的状态，我听大野先生说:"将汽缸集成和汽缸头组合生产是准时生产方式的开始。"后来,这种做法一直保留在丰田内部,而且扩展到了其他相关厂家。

大野耐一希望通过汽车制造探索出减少浪费的路径,实现不亚于世界其他国家的、高生产效率的产品制造。之后,出现了汽车卖不出去的现象,引发了劳动争议,这让大野耐一非常自责。为了避免类似的事情再次发生,他将全部精力投到了改革工作中,在不增加员工的情况下,生产真正能卖得出去的产品。

当时丰田的汽车生产规模没有美国大,采取美国式的大量生产方式无法赶上美国,所以只能采取和美国不同的方式。最终,丰田决定以不低于美国的生产效率进行多品种、小批量的生产。在多次试验后,丰田终于研究出了一种和以往的生产方式完全不同的丰田方式。

在这个过程中,丰田逐渐缩短了作业转换时间,实现了小批量生产和只生产必要产品的准时生产方式。劳动生产率也有了飞跃性的提高,从流水线式生产发展到一人一台机器,再发展到一人多道工序。丰田的最终目的是工业兴国,朝这个方向一步一步迈进(挑战理想状态),而现在的丰田方式正是实现该目标的一种手段。毋庸置疑,丰田方式也是在不断进步的。从这个意义上来说,没有一成不变的丰田方式。

在这个过程中还发生了一次"产销分离"的活动(1951年)。丰田汽车内部一直在推动自己的丰田方式向前发展。我不

第三章　交付设计的要点

知道前辈们在发展准时生产方式时有没有考虑到最终消费者的满意度，因为这在表面上是看不出来的。

当时我担任丰田生产调查部部长，负责在公司内外推广丰田方式。比起提高最终消费者的满意度，我更注重提高制造现场的准时生产方式的水平以及通过提高劳动生产率来降低成本。

从我独立经营顾问公司以来，我深切感受到只是给予丰田汽车和相关零件厂家生产方法的指导并不能完全满足客户的需求。如今，交货期越来越重要，企业必须在这一点上满足客户的需求。

独立经营顾问公司的过程中，我做了很多试验，也吸取了很多失败的教训，总结出了在丰田公司没有发现的一种方法，它就是接下来我要说的交付设计。

第二节　持有库存却无法满足客户对交货期的要求

❀**出于对不确切的需求预测和不能按期交纳货物的担心，企业选择长期积压库存**

我曾在一个拥有自主品牌，以最终消费者为客户的企业当过顾问。当我问它生产计划是以什么为目的、以什么为依据制定的时候，它却不能给我一个明确的答复。于是，我调查了一下该企业的实际情况，发现库存积压了很多，而且已经积压了很久。此外，未交给客户的产品和缺货也很多。

这种企业大都在进行计划生产，而且生产批量很大（例如，某个型号的产品一个月只生产一次），单个产品的生产间隔很久，一旦营业部门发生不能交纳货物的情况，在短时间内很难挽救，因此它们都想多少留一些库存以备不时之需。

此外，营业部门经常会做需求预测，但结果往往不准。实际上，究竟能卖出多少只有老天知道。企业出于对不确切的需求预测和不能按期交纳货物的担心，只能长期积压库存。

❀**成品库存大大增加了成本**

库存中有太多成品的话，企业成本就会增多。一般来说，库存产品越接近成品，种类越多，因为那些都是面向特定客户群体的定制产品。越接近成品，单价也越高。

一旦库存中积压的这些种类又多、价格又贵的成品卖不出去，就会给企业造成巨大损失。这个道理谁都明白，但营业部门，甚至是整个公司都只能看到留有库存对销售额的增长有帮助，而忽略了库存给公司经营带来的恶劣影响。随着库存越积越多，一部分库存长期积压，最后只能作废品处理。

❖无论是在国内还是在国外生产，最本质的问题都是"制造方法是否是业界第一"

最近很多在日本国内销售的产品都转移到了国外进行生产，因为国外的生产成本更低（劳务费是国内的几分之一，甚至是1/10），但这只是将自家公司在国内生产的成本和在国外生产的成本作比较，而不是和竞争对手作比较，充其量只是一种公司内部的竞争。

想要胜过竞争对手，在国内的生产和国外的生产方面都要超过竞争对手，行业内的竞争就是看谁能以更低的成本生产出产品来。

企业不能将注意力只放在在国内生产比较便宜还是在国外生产比较便宜上，而要放在以比竞争对手更低的成本生产出产品上。如果企业只看到在国外生产比较便宜，将生产基地转移到国外，最终还是会败给同行业的竞争对手。希望企业能在理解这一点的基础上向国外发展。无论是在国内还是国外，企业采取何种制造方法都是本质问题。与此相比，向国外市场发展只是一个临时对策。

随着经济的发展，劳务成本（工时费）会越来越高，汇率也在不断变化。都说国外工时费便宜，即使花费的时间是国内的数倍，总的劳务成本还是比国内便宜。但国外的工时费总有一天会变高，像很多来自中国台湾地区和韩国的企业都曾进军过海外市场，而它们中有很大一部分又都撤回来了。我想，这样的例子大家都听说过。

所以，企业不能只看工时费，还要关注制造方法，关注花费了多少个工时，真正的实力不是体现在劳务成本上，而是体现在"花费的工时数"上。

总之，无论是在国内还是在国外生产，最本质的问题都是"制造方法是否是业界第一"。

❖ 在国外生产的最大劣势是过程周期太长

先在国外生产再运到国内销售的最大弱点是从订货到交货的过程周期太长了。要想和国外工厂竞争，必须以过程周期为重点，而不是产品成本。如果能尽量缩短国内生产的过程周期，在国外生产的优势就不会那么明显了。

而现实情况是，因为过程周期太长，很多一度将工厂搬到国外的企业又搬回了日本国内进行生产。例如，有的企业曾将机械零件的铸件工序转移到国外，但是等铸件粗材运到日本就赶不上交货期了，所以只好又将铸件工序搬回了国内。

第三章 交付设计的要点

今后，客户（个人、企业）对企业（生产厂家、供货方）的交货期要求将越来越严格，来自客户的多样化需求也将越来越明显，企业必须根据这种情况构建一个合理的商业模式。

第三节　交付设计：极力避免库存积压，根据订购量进行生产

如上所述，缩短获取信息、制造、物流的过程周期，从上流工序实施准时生产（订购生产），极力减少库存，以比市场行情（竞争对手）更短的交货期来满足客户需求是企业赢取客户的一大武器。

将这种理念体系化的成果就是交付设计。我坚信，实施交付设计可以切实改变企业的经营方式，构筑一种全新的商业模式。

❖ 首先要知道客户要求的交货期

所谓交付设计，就是要知道客户希望在多长的过程周期范围内收到货，并在了解竞争对手的交货期的基础上，决定在什么时候交货可以让客户满意，要使这个过程成为一项企业活动。

交付设计的一大特征，就是不用库存来应对短期交货。在此之前，为了应对客户的短期交货要求，很多企业会在离客户较近的地方设立仓库。但是随着产品的多样化和短寿命化，这种做法也日益显现出不足之处。无准备的需求预算会导致生产

过剩，而企业一般会以低廉的价格销售这部分产品，对企业品牌造成了恶劣影响。而选择废弃处理，对企业来说更是一种巨大的损失。

❖ 先从企业最合适的工序开始实行订购生产

今后，采用"严守比市场行情更短的交货期和极力减少库存"的方法会成为一种必要。如此一来，从生产工序的哪道工序开始实施"订购生产"就成了一个问题。

企业不得不开始思考从哪道工序开始实施"订购生产"对企业来说是最好的，因为有些制造工序不能从前工序（上流工序）实施订购生产。

以汽车制造为例。冲压工序一般都会采取批量生产方式，从技术层面上来说，它不能实行订购生产，冲压产品只能作为库存存放。而如果从车体工序开始实施订购生产，从中间库存（车体近乎整辆汽车的大小，没有那么多的空间存放全部种类的车体）的观点来说是再合适不过的了。总之，各个行业或企业都有从技术层面、成本层面上来说最合适的工序。

为了在这道工序上实现订购生产，就必须改善整体的过程周期，包括"工序的结构""决定是在企业内部生产还是在企业外部生产""物流方法"和"在国内生产还是在国外生产"。总之，要将过程周期缩短到客户的要求以下，这就是交付设计。

交付设计能让有限的资源发挥出最大的功效，它涵盖了企业经营的全部。换句话说，它既是企业经营的思想，也是企业经营的战略。

企业绝不能单是出于成本原因或是环境原因便将工厂挪到国外，迁就制造原因来设计工序，计算生产的总的过程周期，让客户来等。"赶不上结婚典礼的婚纱没有任何价值"，无论婚纱的质量多么好，价格多么便宜，只要新娘不能在婚礼当天穿上，就会失去制造它的价值。所以，最关键的还是在严守客户期望的交货期的前提下生产高品质、低价格的产品。

将实施订购生产的工序略向上流工序转移的策略也是有意义的。交付设计追求的不仅是缩短过程周期，还包括让企业学会在客户要求的交货时间内找出从哪道工序开始实施订购生产最合适，从而在行业竞争中获胜。

❖ 交付设计的根本是满足客户对交货期的要求

交付设计的根本是让企业以做到在客户满意的交货期内交货为目标并努力实现它。以往企业一般将考虑的重点放在了产品的性能和价格上，今后一定要多考虑交货期能否让客户满意。

企业在推出新产品前一定会首先考虑让新产品具备什么样的功能及性能，并且会根据具备什么样的性能、品质的产品能在市场竞争中获胜来进行产品设计。

以汽车为例。企业首先要制定诸如油耗、加速性能、静肃性能等目标，然后再根据目标进行开发、设计产品图纸，最后由制造部门来完成产品的生产。

将这种产品设计的理念用在交付上，就是交付设计。

第三章　交付设计的要点

　　为了能在客户要求的交货期内从最合适的上流工序中减少库存，实现订购生产，就必须进行工序设计和设备设计，这个过程就叫交付设计。

　　这一理念是我在丰田工作时还不具备的。当我在拥有自主品牌的企业作顾问时才意识到它的重要性及给企业带来的巨大成效。在总结自身经验的基础上，我想向大家介绍"交付设计"的理念。我想，它一定能够帮助你在市场竞争中取胜。

第四节　对客户交货期的思考

下面我想谈一些自己对交货期的认识。事实上，客户要求的交货期也分很多种。

❖ 由技术因素决定的交货期

这种交货期指先有一个计划，然后由这个计划决定的交货期。

像新建筑用的设备和器材、酒店的床等都属于这类产品。

这些产品的交货期一般比较长，从一个月到几个月的都有。虽然技术的进步已经让这个期限越来越短，但一般情况下其期限仍以月计。

❖ 由市场情况决定的交货期

客户想立即拿到产品，但所有的企业都不能满足他的需求，客户只好耐着性子等待。这一类产品的交货期是由市场规则决定的。

像汽车需要办理车库证明等手续，无法保证今天订购了，明天就能交给客户，客户至少也要等上一周。如果是畅销车，客户可能要等上一个多月。

眼镜也是客户急需的,但是如果店家说"请过一个星期后再来拿",客户也只能等待了。

总之,这类产品的交货期都是由行业内的规则决定的。

❖ 即刻要求交货,不容拖延的交货期

这种交货期指客户马上就要,没有就得买替代品的交货期,它适用于不容拖延的产品。

属于这一类的产品有店铺贩卖的生鲜食品和修理设备故障专用的替换零件等。

如上所述,客户要求的交货期有很多种,且每种交货期都呈现出了缩短趋势。

现在再以过去行业内普遍认同的过程周期为准则是一定无法满足客户需求的,我希望大家铭记这一点。

第五节　追求理想的过程周期——"LL 比"

❖ **缩短从接到订单、生产到交货的过程周期**

为了缩短从接到订单、生产到交货的过程周期（L/T），我想提出一个"LL 比"的概念。企业从接到订单到向客户交货之间的 L/T 由"信息、制造和物流三个 L/T 的总和"决定。

> 从接到订单到交货的 L/T＝信息 L/T＋制造 L/T＋物流 L/T

再来看每个 L/T 的具体内容，它们都是由增加附加价值的时间（加工时间）和没有价值的滞留时间组成的。

> 信息 L/T＝（1 个产品的）信息处理时间＋（信息处理等待等的）滞留时间
> 制造 L/T＝（1 个产品的）制造加工时间＋（制造加工等待等的）滞留时间
> 物流 L/T＝（1 个产品的）交货物流时间＋（交货物流等待等的）滞留时间

因此，从接到订单到交货的 L/T 可以用下面的公式表示：

第三章 交付设计的要点

> 从接到订单到交货的 L/T＝（1 个产品的）信息处理时间+制造加工时间+交货物流时间+滞留时间

因此，要缩短 L/T 有两个方法：一是缩短加工时间；二是消除滞留时间。一般来说，滞留时间比加工时间长很多，因此比起购入新的设备和装置来缩短加工时间，改善滞留时间的效果更加明显。

由此，我们可以将尽量削减滞留时间作为目标，使从接到订单到交货的 L/T 尽可能接近一个产品从订购到交货的纯加工时间。

为了评价企业的目标达成情况，我把企业从接到订单到交货的 L/T 的实绩时间和一个产品从订购到交货的纯加工时间的比称为"LL 比"。

$$\text{从接到订单到交货的 LL 比} = \frac{\text{从接到订单到交货的 L/T 的实绩时间}}{\text{一个产品从订购到交货的时间} - \text{滞留时间}}$$

❖ 将"LL 比为 1"作为最终目标

我在很多企业都看到过这种现象：处理（加工）信息的时间很短，但是把一定期间内的数据汇总起来进行总括处理，然后征得上司同意却要花费很长的时间。这个时间往往是信息处理时间的数百倍甚至是数千倍。也就是说，这时的信息处理的"LL 比"是数百倍、数千倍。

制造方面的"LL 比"也很大。一般来说，批量加工的冲压工序的"LL比"是数百倍乃至数千倍,组装工序可以达到数倍的"LL比",但其他工序一般也是数十倍到数百倍。此外,在制造工序中,工序间搬运的滞留时间也不可小觑。无论是在工厂内部还是在工序间搬运,一般都是以少次大量的方式进行的,工序间搬运的滞留时间也是使制造"LL比"增大的重要原因。虽然加工都是批量进行的,但是小批量搬运(一个或者几个)可以大大改善制造的"LL比",我希望大家能留意到这一点。

交货时的运输时间主要被认为是货车的行驶时间,但是在物流中转地的转装时间、交货前的调整时间和驾驶者的休息时间等滞留时间往往是行驶时间的数倍(="LL比")。

因此,想要缩短从接到订单到制造、交货之间的L/T,就必须努力消灭滞留时间,将"LL比"变成1。此外,此项活动不需要额外投入资金,从这个意义上来说,其也应当作为优先项目实施。此项活动完成后,L/T的绝对值如果还达不到交付设计的要求,企业就必须在工序设计、设备开发等环节引进一些新的设备以缩短产品的加工时间。

❖ "赶不上客户要求的交货期"有两个原因

经常听到有企业在说:"赶不上交货期,给客户添麻烦了。"虽然现象是一样的,但导致企业不能按时交货的原因有两个。当然,相应的对策也有两种。

第一种情况是现场仍有生产余力,但从接到订单到交货的过程周期太长了,以至于不能满足客户的需求。

第三章　交付设计的要点

这种时候，企业要关注物的整个流动过程，尽量缩短过程周期。不这样做就不会再有客户向企业订货，企业就会面临倒闭的风险。

第二种情况是企业接到的订单数量已经超出了现场的生产能力，现场的生产赶不上交货期。

这个时候企业要关注设备，提高设备的生产能力。企业要尽一切努力不给客户添麻烦。尽管企业接到的订单数量过多会让企业陷入赶不上交货期的风险，但这对企业来说也是绝佳的机遇和挑战。

企业要分清赶不上交货期的原因，一旦搞错对策，结果就天差地别了。

第六节　实施交付设计的前提条件

下面我想谈一下实施交付设计需要具备的前提条件。

❖ 以在客户要求的过程周期的 1/2 或 1/3，甚至是更少的时间内向客户交货为目标

如果交付设计后的制造的过程周期和客户要求的过程周期相同，工厂在接到订单后就必须马上开工，而且还要面临生产负荷量浮动的考验。此时，企业必须按生产量最大时的需求量配备人员和设备，或者是通过保有一定量的库存来作应对。如果总量变化大，现场的生产效率就会降低，所以企业要将制造的过程周期缩短到比客户要求的过程周期还要短。这样生产负荷就能均衡化，才能保证高效、低成本的生产。

从经验上来说，制造的过程周期一般要缩短到客户要求的过程周期的 1/2 或 1/3。如果能做到这一点，或者是更短，那么今天接到的订单就可以放到明天或以后生产，这样才能保证生产的均衡化和生产活动的高效进行。

为此，企业要做到以下两点。

①从第二章中叙述的着眼点出发，从信息、制造和物流几

第三章 交付设计的要点

个方面制定缩短过程周期的改善方案。

②在达到理想的过程周期之前,按投资效率高低依次实施改善方案。

我想所有的企业都会按照②的方法来实施,反而是①常常得不到落实,所以企业要尤其重视①。

❖ 只生产客户的订购量

为了避免生产过剩的情况,企业必须能单独生产一箱产品或一个产品。

为此,企业要做到以下两点。

①实施改善措施,缩短作业转换时间,让现场具备小批量生产的能力。

②改善、维持工序能力以保证不出现次品。如果企业只能大批量生产或中间工序出现次品,就很难实行订购生产。

以上叙述了订购生产的两个条件:(1)将制造的过程周期缩短到客户要求的过程周期的 1/2 或 1/3 以下;(2)具备只生产客户的订购量的能力。

第七节　交付设计的优势

下面我想谈一下交付设计下的订购生产的功效。

交付设计适用于所有的制造产业。拥有自主品牌的企业自不必说，我想强调的是它也适用于那些没有自主品牌，只生产最终产品中的一部分零件的制造企业（相关事例请参照第四章的 D 企业和 G 企业）。

❖ **对客户有益，且它适用于所有产业**

例如，现在从订购轮船、制造到拿到货的时间非常长，对订购方来说预测两三年后的轮船需求非常难。尤其是走国际线路的大型轮船，其需求量是由世界经济状况决定的，波动性很大。在市场景气的时候，订购方可能会过高地估计未来的需求。反之，在物流价格下落的时候，订购方可能会过低地估计未来的需求。无论怎样，估计两年以后的需求都是很困难的。因此，如果能缩短轮船的交货期，对订购方来说是一件好事，也是他们所盼望的。

在经济景气的时候，如果生产方能早一些将轮船交付给订购方使用，就可以为订购方带来不菲的经济收入，这也是造船

第三章 交付设计的要点

厂家对社会作出的贡献。此外，如果造船厂家能缩短交货期，它接到的订单会更多，也能得到更多的利润。

交付设计最大的优点就是能在客户希望的时间内交货，满足客户的需求。

❖ 可以提高生产效率

如果制造的过程周期比客户要求的过程周期更短，那么企业可以在多出来的时间内均衡企业的生产负荷，提高生产效率。

如前所述，企业如果将过程周期缩短到客户要求的过程周期的 1/2 或 1/3，甚至更少的话，就无须在接到订单后马上开始生产了。因为即使订购量很大，过几天再生产也不会耽误交货，这样就可以均衡企业的生产负荷，提高人和设备的生产效率。

❖ 企业可以从容应对突然大幅增加的生产量

让我用事例来说明这一问题。

假设某企业给制造部门的过程周期是 20 天，而制造部门自己的过程周期已经缩短到了 10 天，那么企业就可以利用多出来的 10 天时间来均衡生产量。

可以当作企业是做了 5 天份的先行生产，这 5 天份的产品是客户的订货，5 天后这部分产品就不在了，而一般意义上的库存不一定能卖得出去。

如果这个企业的订单量多了两成，那么不采取对策的话一个月就会少 4 天份（20 天的两成）的产品。如果订单量多了五成,那么一个月就会少 10 天份的产品。当然,一下子多出五成的订单是不切实际的。这里只是作一个假设,假如真的多了五成,企业可以采取加班和在后半个月增添人手的对策,这样可以多生产出三成的产品来,剩下的两成产品和前面不采取对策一样,是少 4 天份的产品。但因为企业有 5 天的先行生产的量,所以可以按时供货,不会给客户带来麻烦。

我们从上述例子中可以看出,缩短制造的过程周期可以让企业从容应对突然大幅增加的订货量。

❖ 能避免由于意料之外的故障(质量、设备等)造成的无法交货的局面出现

如果将制造的过程周期缩短到允许范围的 1/2 或 1/3,甚至更少的话,即使出现意料之外的故障(质量、设备等)也不会给客户带来麻烦。因为有充足的制造时间,所以只要快速排除故障,就不会出现赶不上交货期的情况。

以上是交付设计的主要功效。实施交付设计,将生产现场的过程周期缩短,也会对企业的销售部门产生影响。

假设生产现场按计划在很短的时间内就能交货,如果有库存,销售部门会想办法减少库存,而且较短的交货期也能成为企业销售部门的一个卖点,会为企业带来更多的收益。

从这个意义上来说,交付设计也能对企业经营作出贡献。

❖ 能加快技术进步的速度

实施交付设计,进行订购生产,可以消灭或者减少成品和

第三章 交付设计的要点

半成品的库存。这样企业在新产品开发和设计变更时就不用考虑库存（半成品和成品）问题，可以在必要的时间内迅速完成产品的更新换代。同时，处理剩余库存的费用也会大大减少。

如上所述，实施交付设计可以让企业更快地引进新技术，使企业技术进步的速度有飞跃性的提高。

❖ 交付设计是无声的营销活动

我希望销售部门和制造部门的人能够好好思考下面这个问题。

企业能够获取订单进行生产活动，都是因为销售人员的努力，他们让客户了解了本企业优良的产品质量和超短的交货期。

我想对销售部门的管理者说的是："购买我们产品的客户有很多，但世界上还有更多没有购买我们产品的人。如果改善销售方法，一定会吸引更多的客户前来购买，销售部门的成员是不是应该更清楚地向客户说明我们产品的优良之处和超短的交货期呢？销售部门要做的事情其实还有很多。"

现场的改善工作是一场没有终点的马拉松比赛。现场的改善工作进行得再彻底，也还是要抱着"一定还存在需要改善的地方"的想法。销售部门的工作也很艰难，他们拿到一个订单就像现场完成了一个改善一样。我希望销售部门的人能理解这一点，将销售工作也当成一场没有终点的马拉松比赛，为获取更多的订单而不断努力。

此外，制造部门要提高生产水平，缩短过程周期，实施订购生产,"凭企业的制造实力来获取客户"。制造部门要抱着这样的信念,不断致力于现场的改善工作。

从这个意义上来说,销售部门和制造部门应该通力合作,将交付设计活动发展成整个公司的活动,最终使"交付设计成为企业无声的营销活动"。

综上所述,企业通过实施交付设计,建立一个订购生产、交货期短的机制,就可以避免将工厂转移到海外了,因为国内工厂和海外工厂完全可以一较高低。

如果只搞成本竞争,各个企业都将不断地关闭国内工厂,转移到海外生产。这样一来,企业虽然能够存活下来,但国内的产业却会不断衰退。人民的购买力降低,工业兴国成为无本之木,日本就会面临消亡的危险。

为了使国内生产的竞争力增强,提高制造现场的水平至关重要,而交付设计就是实现它的一种手段和武器。

第八节　交付设计的深化

我在"交付设计：极力避免库存积压，根据订购量进行生产"一节中提过：所谓交付设计，就是要知道客户希望在多长的过程周期范围内收到货，并在了解竞争对手的交货期的基础上，决定在什么时候交货可以让客户满意，要使这个过程成为一项企业活动；不用库存来应对短期交货是它的一大特征。总之，交付设计的根本就是"满足客户对交货期的要求"。

在这里，我想对客户再作一下深层次的分析。

对企业（制造）来说客户有很多种，如最终消费者、销售店（零售店）、特约经销店、本企业的销售部门仓库等（图3-1）。

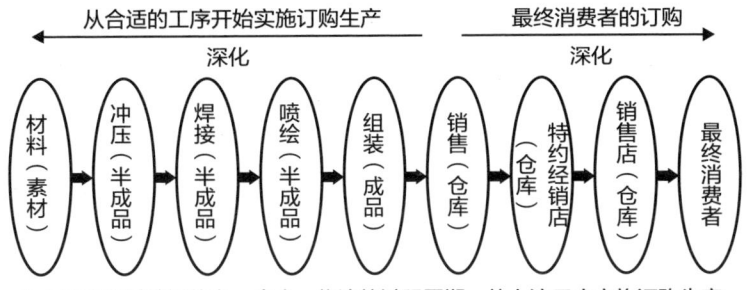

← 从合适的工序开始实施订购生产　　　最终消费者的订购 →
　　　　　深化　　　　　　　　　　　　　深化

材料（素材）→ 冲压（半成品）→ 焊接（半成品）→ 喷绘（半成品）→ 组装（成品）→ 销售（仓库）→ 特约经销店（仓库）→ 销售店（仓库）→ 最终消费者

企业应该通过缩短信息、生产、物流的过程周期，从上流工序实施订购生产，极力减少库存（成品、半成品、财力），实现比竞争对手更具压倒性优势的超短交货期，从而赢取最终消费者。

图3-1　交付设计的深化

如图 3-1 所示，直接的需求者是最终消费者。对企业来说，最理想的是从最终消费者手中获取订单。但是从我做顾问的经验来看，很少会有企业把最终消费者当作客户，即使是拥有名牌产品的企业也很少能做到这一点，因为制造部门和营销部门没有很好地进行对话与合作。同时，厂家和中间商的合作状况也不是很好。企业不应该把销售店的订单看作销售店用来补充仓库的，而应该把它看作最终消费者下的订单。

如图 3-1 所示，企业在数个阶段持有成品库存，然后将这些库存转移到下方的客户手中。企业对补充中间仓库的库存有很多理由，这些理由在"对客户交货期的思考"中也提到过，其中最主要的是为了满足最终消费者对交货期的需求。在现有的交货过程周期的条件限制下，企业不得不用库存来应对。

企业应该经常思考"下订单的人是谁"，尽量从最终消费者那里获取订单。

以"按照离下方的消费者最近的订购量，从企业最合适的工序实施订购生产"为目的，我给图 3-1 命名为"交付设计的深化"。

请大家在阅读第四章的具体事例时，带着这张图去思考。

第四章

交付设计的事例

- 后补充生产和总量规则（书写板的运用）的方法、工序间小批量搬运、小批量生产的实施使得过程周期大幅缩短。
- 为了大幅缩短从接到订单到组装、发货的过程周期，首先要做到严守客户要求的交货期，然后利用生产和客户要求的过程周期之间的差，从合适的工序开始实施订购生产，这样就能赢得客户。
- 改善不能局限于生产现场，相关部门也要参与进来。

第四章　交付设计的事例

　　下面我想向大家介绍我在从事顾问工作时接触到的"交付设计的八个事例"和"交付设计的条件不能满足时的对策"。

　　事例中的企业都付出了巨大的努力，才取得了显著的成果。我在和它们一起工作的过程中也学到了很多东西。

　　虽然每个事例都可以称为交付设计，但从缩短过程周期的角度来说还有很多有待提高的地方，从交付设计的深化的观点出发也有很多需要进一步改善的地方。

第一节　A 企业：眼镜片加工业

❖ **行业概要**

眼镜片加工业的订购量浮动很大，而且眼镜片的种类庞杂，所以每种眼镜片只能进行小批量生产。因为销售店一般都没有库存品，所以为了能做到随时供货，镜片厂家都备有标准品的各个种类的镜片的库存，特殊订购品则在第三天的傍晚供货。

A 企业的标准品库存很多，但还是经常出现缺货状况。此外，由于特殊订购品的过程周期太长，还经常出现供货时间延迟的状况。

于是，我们着手改造标准品的生产结构，将其变成只生产销售得出去的产品的"后补充生产"方式；对于特殊订购品，则从半成品开始实施订购生产。以实现标准品的库存减半、特殊订购品的过程周期缩短（48 小时以内）、零迟纳为目标，我们开始实施了改善活动。

我们具体实施了削减镜片停滞时间（各制造工序的总量规则）和提高工序加工能力（提高瓶颈工序的开工率、多能工化）的措施。

第四章 交付设计的事例

结果，标准品的库存减少到了原来的六成左右，库存周转率提高到了原来的3.1倍（图4-1），特殊订购品的制造的过程周期得到了大幅缩短（58%），交货期遵守率做到了2天交货的产品为97.3%、3天交货的产品为99.8%，基本实现了零迟纳，达到了行业顶级水平（图4-2）。此外，销售店也开始向客户推荐A企业的产品，使A企业的市场占有率提高了一个百分点，销售额增加了四成。

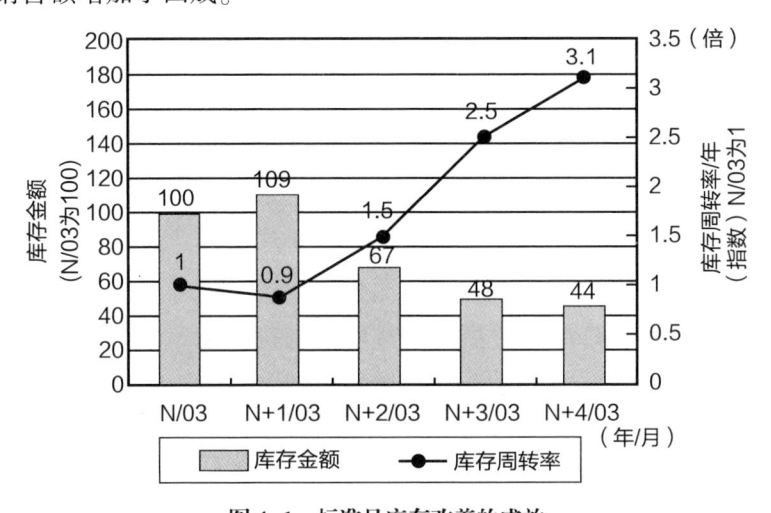

图4-1 标准品库存改善的成效

同时，新的商业模式的构筑工作也得到了推进。关于这一点，后面将有详细叙述。

❖ **行业特征**

1. 种类庞杂，要进行小批量生产。
①标准品：约20个品种。

②特殊订购品：根据客户的需求定制。

2. 订单量的浮动较大。

①季节：具有很强的季节性。

②星期：周六、日较多。

③时间：下午较多。

3. 销售店没有库存。

因为销售委托制度（小规模销售店的库存由厂家负担）的实施，销售店要销售的品种越来越多，所以销售店都不留库存了。

4. 客户多是小规模的销售店。

①量贩店（十几家）。

②小规模销售店（数千家）。

❖ 从接到订单到交货这一过程的特征

1. 七成订单是通过和销售店之间的信息系统传进来的（不限时间），三成订单是白天通过销售处传进来的。特殊订购品在接到订单后的第三天傍晚前发货，标准品在接到订单的当天发货。

2. 由于各厂家竞争激烈，交货期越来越短。

①标准品：接到订单的当天发货（因为要做到立即发货，所以库存品种齐全）。

②特殊订购品：接到订单的48～72小时内供货。

当然，如果镜片厂家能在销售店要求的期限之前交货就会受到销售店的欢迎。因为对小销售店的店主来说，无论是公事还是私事都要由自己一手操办，如果能早点拿到镜片，工作起来会更方便，所以缩短交货期对他们来说是一件好事。

3. 生产（特殊订购品）。

①从中间品（半成品）开始订购生产。

②制造工序：半成品库存—研削、研磨—染色—镀膜—（卵形加工）—检查—发货。

❖ 现状和目标

1. 面临的课题。

①标准品的库存很多，但是经常有缺货的现象发生（有2%~3%的产品赶不上交货期）。

②特殊订购品的过程周期太长，经常有迟纳的现象发生（5%）。

各产品的制造工序不同，制造的过程周期也不同，产品修理率占有几个百分点。交货期为3天的产品能按时交货的有95%，换言之，有5%的产品赶不上交货期。在行业内处于弱势，企业经营出现赤字。

③收到的订单量波动幅度很大，企业只能按最高订货量雇用人员，劳动生产率低。

④在行业内所占比例低（只有几个百分点）。

2. 目标。

①标准品：库存减少一半。

②特殊订购品：缩短过程周期（48小时以内），杜绝迟纳现象的发生。

③劳动生产率：提高到现在的两倍以上。

❖ 改善的经过

改造标准品生产结构，将其变成只生产销售得出去的产品的"后补充生产"方式；对于特殊订购品，则从半成品开始实施订购生产。补充标准品库存来应对订购量的浮动。此外，以"削减镜片停滞时间"和"提高加工能力"为着眼点推进改善活动。

1. 削减镜片停滞时间。

①各制造工序的总量规则（活用书写板）。

在各个制造工序中引进书写板，只投入书写板上记录的内容，逐渐缩短投入间隔（周期为30分钟→10分钟），减少加工等待时间。

②缩短工序间的搬运时间。

A公司在原有的小建筑工厂里进行镜片生产，工序分散在几个屋子里，工序间的搬运次数很多，所以我们首先缩短了工序间的周期搬运时间（15分钟），并把滞留时间和滞留中的生产顺序的切换时间最小化了。

③缩短工序内（屋子内）的周期搬运时间（最终缩短到3分钟），产品拿到后立即进行加工，标准品的生产实行小批量化（5套，最少1套），彻底优化生产流程。

此外，在批量处理的工序（染色、镀膜）中，即使处理机没有排满，也要定时进行加工，制定批量处理等待时间的上限。

2. 提高加工能力。

①提高设备的开工率和生产性能（以瓶颈工序研磨为中心）。

②持续而彻底地进行标准作业的改善工作，推进多能工化进程（例如同时掌握研磨和染色两个完全不同的工序的操作）。

❖ 成果

1. 标准品的库存减少了约六成，库存周转率提高到了原来的3.1倍。

2. 特殊订购品的制造的过程周期得到大幅缩短（58%），交货期遵守率做到了2天交货的产品为97.3%、3天交货的产品为99.8%，基本实现了零迟纳。即使没有库存，也可以做到在2天内轻松交货（图4-2）。

3. 劳动生产率提高到了原先的2.2倍（图4-3）。

A企业的交货期缩短后得到了店主的一致好评，他们开始积极向顾客推销A企业的产品，使其市场占有率提高了一个百分点，销售额增加了四成。

❖ 努力构筑新的商业模式

随后，新的商业模式也建立起来了。

由于日本国内工厂过程周期的缩短，A企业出现了生产余

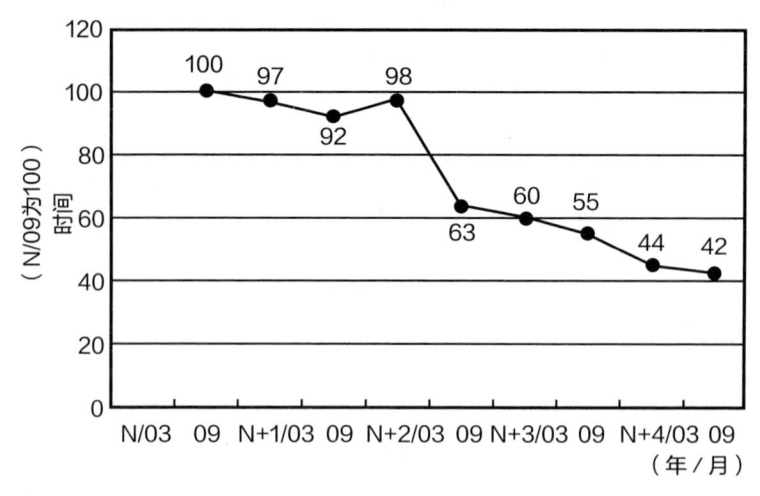

图 4-2 特殊订购品的制造的过程周期变化图

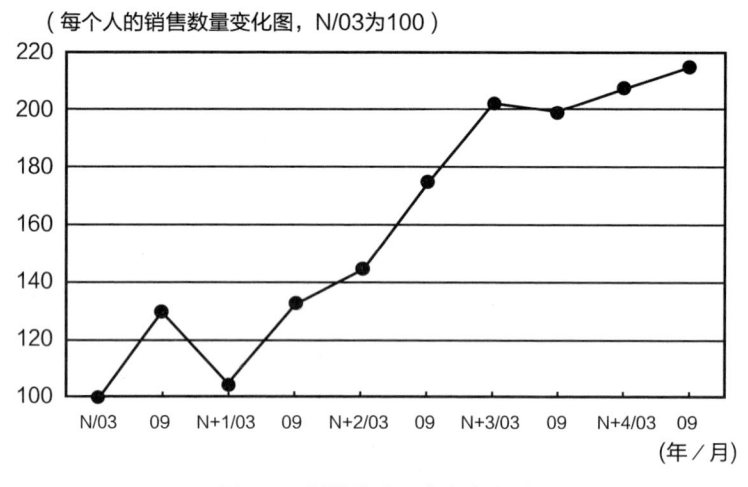

图 4-3 眼镜劳动生产率变化图

力：在国内晚上不会有订单进来，而国外此时是白天，国内工厂可以在晚上处理国外的订单。在国外工厂制造的过程周期是一周，这就不如在日本生产再空运过去。因为国内人员和设备都有余力，A企业每天可以处理100套来自海外的订购，这就省去了固定成本。虽然量不大，但由于提高了利润率，所以也能增加企业的收益。

A企业的做法是一种新的商业模式。日本的订单只有白天有，设备仍有余力，企业希望晚上还可以继续生产。一般来说，如果在晚上生产白天接到的订单，那么傍晚接到的订单会推迟到夜班生产或是第二天早上生产，而一旦需要修理就有赶不上交货的风险，所以接到订单必须立即生产，不能推迟。而A公司是在晚上生产其他国家的订单，再空运过去，这是一种新的商业模式。

镜片生产的过程周期短，产品小价格却昂贵，还要投入一大笔设备资金（如镜片加工的机器）。鉴于此行业的特点，比起在消费地区附近建工厂，还不如集中在某处制造，然后再空运到世界各地去。

❀ 改善团队的声音

1. A企业多年以来一直致力于使交货期遵守率达到100%、削减库存，但是一直未能取得预期的效果，为了制造的方便，只能一直采取大批量的计划生产。即便如此，也还要经常为日益逼近的交货期发愁。企业一面想减少库存，一面又怕出现缺货现象，只能搞大量生产，这样的恶性循环一直未能得到改善。

2. 后补充生产和总量规则（书写板的运用）的方法、工序间小批量搬运、小批量生产的实施使得过程周期大幅缩短，这对我来说是一个宝贵的经验，让我重新认识了遵守加工顺序的重要性。现在，我看到信息和物的停滞会提高警觉，拥有了作为推进多能工化的管理者和操作者的自信。

第二节　B 企业：非民生精密仪器制造业

❖ **行业概要**

非民生精密仪器（价格昂贵）的客户限定在一个特定的群体，单个产品的订单较多，所以企业要进行多种类小批量生产。特殊规格的产品的交货期一般为 3 个月，标准产品的交货期是 3 个星期。

B 企业的销售部门根据成品库存（标准仪器）和特殊规格产品的 3 个月前的订货量向生产部门订货。因为生产部门采取的是大批量计划生产方式，所以生产过程周期长达 3 个月，还有很多库存积压，时有缺货现象发生。此外，由于来自美国、欧洲的订单比例较大，所以海外销售店的成品库存也较多。

于是，我们着手实施交付设计，活动的目标是：从组装工序开始增加产品种类，将此前的零件生产统一化。我们从组装工序开始进行订购生产，零件则采取后补充生产方式，将接到订单到交货的过程周期缩短到 1 个星期（客户要求的交货期的 1/3），减少了八成的成品库存。

具体措施以缩短组装工序的过程周期（总量规则、单个产品的时间、多能工化）为中心，为了让美国销售店不积压库存，我们必须争取做到在接到订单的第二天就完成组装工序。

结果，过程周期缩短到了 1 天，美国销售店不需要留有一件库存。但有时候美国销售店在收到产品后要应客户要求成套发货，所以不得不备有一定量的库存。

做到这一点后，我们再度进行了交付设计，尽量做到在 1 个星期之内从上流的零件辅助集成工序实施订购生产，主要内容是缩短作业转换时间，实行小批量加工和小批量搬运。

最终结果是组装工序的制造的过程周期得到了大幅缩短（10 天→1 天），在客户要求的交货期的 1/3 的时间内（1 个星期）实现了从零件生产工序进行订购生产。

包括海外在内的总的产品库存锐减（88%），库存周转率提高到了原先的 2.5 倍（图 4-4）。

❖ **行业特征**

1. 多种类少量生产。
①非民生精密仪器的客户限定在一个特定的群体。
②订单分散，很难根据市场和以往的数据制定生产计划。
2. 出口比例较高。
来自美国、欧洲的订单较多。

❖ **从接到订单到交货这一过程的特征**

1. 客户要求的交货期。

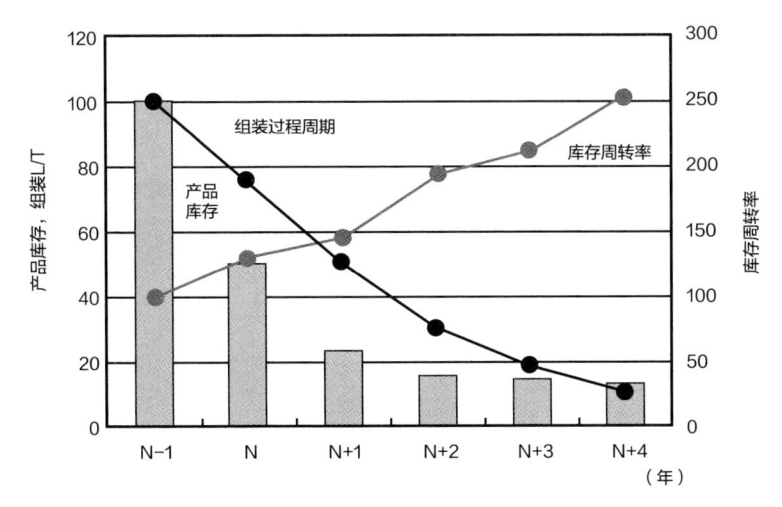

图 4-4　组装的过程周期、产品库存、库存周转率的变化图

本仪器的价格昂贵，订购的客户一般不会今天订货明天就要收货。

特殊规格的产品的交货期一般为 3 个月，标准产品的交货期是 3 个星期。

2. 生产特征。

①采用以销售部门的需求预测为基础的计划生产（MRP）方式。

②有对工人熟练度要求较高的手工组装的工序，黏合、干燥工序较为多用。

③成品发货优先考虑物流作业的效率。

④组装部门一天向捆包部门搬运一次，给销售部门的发货是一周一次。

❖ 现状和目标

1. 面临的课题。

①销售部门根据 3 个月前收到的订单情况进行预测，然后以比预测稍多的量向生产部门订货（预防失去销售机会的策略）。

销售部门根据成品库存（标准机中）和特殊规格产品的订货情况进行预测并下单。

以从接到订单到交货的实际的过程周期（约 3 个月）为前提，进行交货期设定。

②按照预测进行大批量的计划生产，生产的过程周期长达 3 个月，还有很多库存（几个月生产量的成品和半成品）积压，时有缺货现象发生，不能满足客户需求。

单是组装工序（从零件安装到产品完成）的过程周期就长达 80 小时（约 10 天）。

③定期有（生产和销售部门）卖剩下的产品和缺货的产品。海外销售店也有很多成品库存。

2. 目标。

①从接到订单到交货的目标过程周期：1 个星期（是客户要求的交货期的 1/3）。

因为 B 企业进入这个市场较晚，所以应将缩短交货期作为重点。

②削减完成品库存（提高库存周转率）：八成。

第四章　交付设计的事例

❖ **改善的经过**

我们首先致力于将交货期缩短到客户要求的交货期的 1/3，也就是 1 个星期。

本机器设备从组装工序开始种类增多，组装工序之间都是统一的零件，所以我们决定从组装工序进行订购生产，零件采用后补充生产方式。

1. 缩短组装工序的过程周期的措施。
①贯彻总量规则（引进书写板），只保留标准持有品。
②改善黏合工序，使其流水线化（通用装置、夹具的开发等）。
③推进前后工序的多能工化，减少为保证作业平衡而持有的工序间库存。

2. 和海外销售店合作推进改善工作。

除了要应对日本的客户，还要考虑到美国的客户，使国外的销售中心不积压库存，进行订购生产。生产全部在日本进行，然后空运到海外各地，将接到订单到交货的过程周期同样设定为 1 个星期。考虑到空运需要花费时间，必须在接到订单的第二天就完成产品的组装。海外销售店要采取后补充方式，缩短组装工序的过程周期。

结果，过程周期缩短到了 1 天，海外销售店不需要留有一件库存。但有时候美国销售店在收到产品后要应客户要求成套发货，所以不得不备有一定量的库存。做到这一点后，我们再度进行了交付设计，尽量做到在 1 个星期之内从上流的零件辅助集成工序实施订购生产。

3. 以零件辅助集成工序为对象实施订购生产。

组装工序前的辅助集成工序一直是采取后补充生产方式，这种零件和产品的种类一样多，而且价格昂贵，因此我们决定从零件辅助集成工序开始在一个星期内实行订购生产。辅助集成工序一共有 11 个，我们以其中的 9 个为对象实施订购生产（缩短作业转换时间，实现小批量加工和小批量搬运）。

剩下的两个工序（在其他工厂）需要在工序间进行搬运，所以实施订购生产还有些困难，但我们尽量调整了其作业顺序以使组装工序没有库存。

实施上述措施后，我们在一周的过程周期内实现了零件辅助集成工序的订购生产，（材料、半成品）库存也大幅减少，使成本得到了降低。

4. 其他部门采取的措施。

①采购部门：

与合作的供货方一起努力，实现了多次少量的交货。

②产品物流部门：

将组装和捆包结合在一起，减少了过程周期和中间库存，做到了每天收货发货。

❖ **成果**

通过实施以上措施，组装工序的制造的过程周期大幅缩短

(10天→1天)，在客户要求的交货期的1/3的时间（1个星期）内实现了从零件辅助集成工序实施订购生产，相关的总成品库存激减（减少了88%），库存周转率提高到了原先的2.5倍（图4-4）。同时，组装工序内的库存（减少了80%）和零件辅助集成工序内的库存（减少了86%）也都得到了削减。虽然作业交替的工时数增加了，但劳动生产率提高了10%，销售额增加了25%。

❖ 改善团队的声音

1. 这次改革是整个企业（包括海外部门）的改革，其精神和姿态贯穿改革始终，是以往的改革所缺少的。在这次改革中，我领悟到了改善速度的重要性。此外，我还学到了多种类小批量的一个流生产、交货期管理、均衡化生产的具体实施方法。

2. 为了大幅缩短从接到订单到组装、发货的过程周期，首先要做到严守客户要求的交货期，然后利用生产和客户要求的过程周期之间的差从合适的工序开始实施订购生产，这样就能赢得客户。我也认识到了交付设计的重要性和有效性。

第三节　C企业：大型抗震橡胶制品制造业

❖ **行业概要**

自阪神·淡路大地震之后，抗震橡胶制品的需求量急剧增加，市场普遍要求厂家扩大生产规模和缩短交货期。其中，有些特殊规格的产品的订货期比较集中（当年12月～次年2月），是一个订购量浮动比较大的行业。

C企业从接到订单到发货的过程周期平均为35天，如果3月底交货，至少1月中旬就要开始生产。客户要求的交货期通常是1个月，如果客户3月底要货，其一般会在2月订货，因此C企业经常赶不上交货期。如果能将生产的过程周期缩短到20天，那么即使在2月底接到订单也能赶上交货期。将过程周期缩短到20天能收到的成效相当于增产1个月。而且，如果客户要求的交货期比较长还可以延迟生产，这样就能够达到均衡生产量的目的，生产效率也能有所提高。鉴于以上两个理由，我们着手缩短过程周期的改善工作。

我们将目标设定为将从接到订单到交货的过程周期缩短到10天（客户要求的1/2），并以减少从接到订单到交货这一过程中的所有滞留时间为活动方针。

主要的改善活动有：缩短给现场出图的过程周期，缩短零件订购天数，缩短加工工序的机器时间和冷却干燥时间。

实施这些措施后，从接到订单到交货的过程周期缩短到了10.5天（减少了70%），大致达成了目标。而且，C企业也受到了客户的好评，大家都知道向C企业订货很快就能拿到货，C企业由此赢得了不少新客户（桥梁产品的客户从一家增加到了四家）。

❖ 行业特征

1. 特殊规格、大型、重量产品。

①客户在大楼和桥梁设计后才能确定自己所需要的特殊规格的产品，所以C企业不能采取库存生产的方式。

②尤其是桥梁用的产品尚没有实现标准化，所以C企业不得不针对每个产品重新设计模具、装配用的制品和橡胶材料。

③产品重量从50千克到2500千克的都有，最大的长约2米，重量超过3吨。

2. 公共事业和住宅行业的订购比较集中，而且订购量浮动较大，多集中在年底订货。

①订货多集中在年底（当年12月～次年2月）。

②订购量的浮动较大，有时候一次能接到150个订单，有时候一个月都没有订单。订单量只有繁忙期的一半的状况会持续数月。

❖ 从接到订单到交货这一过程的特征

1. 客户要求的交货期范围为 20 天～6 个月，通常为 1 个月。
2. 为了保证稳定的抗震性能，厂家必须完成以下事项：特殊配方的橡胶的搅拌、装配制品的加工外包、装配制品的粘贴处理、大型硫化压床的长时间加硫（4～26 小时）、用超大型检测机器对所有产品进行性能检测。

❖ 现状和目标

1. 面临的课题。
从接到订单到交货的过程周期：平均为 35 天（1.13 个月）。
2. 目标。
从接到订单到交货的过程周期：10 天（客户要求的 1/2）。

❖ 改善的经过

削减从接到订单到交货之间的所有工序的滞留时间。

1. 缩短从接到订单到给现场出图的过程周期（从 14 天缩短到 4 天）。
①将邮寄改成传真，设计、检查同时进行。
②物件的图纸（平均每个物件 4 张图纸）每完成一张便向现场出图，等等。

2. 缩短零件采购时间（将模具和装配制品的采购时间从 14 天减少到 5 天，将橡胶的采购时间从 7～14 天减少到 0 天）。

①模具和装配制品的钢材采取"后补充采购"方式,通过重新设计提高加工效率。

②按橡胶种类留有库存,并采取"后补充采购"方式。

3. 超大型性能检测机的可动率低(37%),加班多。

①将产品安装工序的内部作业转换转为外部作业转换,实现流水检测。

②为进行工序内的总量管理,在产品性能检测完毕后,将取下的写字板放到前面的工序中。

4. 缩短硫化工序(决定性能的重要工序)的机器运转周期。

5. 产品冷却后才能进行尺寸测量,硫化后产品的温度达到了120摄氏度以上,需要3天的冷却时间。

通过改善制冷装置的风量和角度,将冷却时间缩短到36小时(原来的一半),可以更早地进行尺寸测量。

6. 通过改进模具的构造大幅缩短作业转换时间。如此一来,作业负荷减轻,环境也得到了改善,这个工序的劳动生产率提高到了原来的1.5倍。

7. 缩短向装配制品涂抹黏合剂后的干燥时间。

①引进一个简易自动流水线,在涂抹黏合剂前对装配制品进行加热,实现黏合剂涂抹的均匀化。

②研究制作一个新的作业台,使大型产品可以利用废热单独进行干燥。

❖ **成果**

1. 从接到订单到交货的过程周期缩短到了 10.5 天（减少了 70%），基本达到了预期目标（图 4-5）。

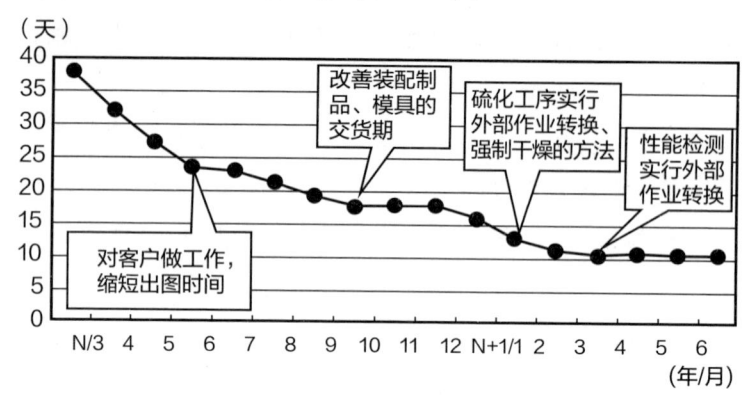

图 4-5　过程周期的改善措施及成果

在紧急情况下，小型制品可以在 3 天内交货。

将桥梁用的产品和建筑用的产品统一到一个工序内，实现了均衡化生产，完全消灭了滞留品，这在以往被认为是不可能实现的。

2. 通过改善装配制品表面的处理作业和将作业标准化，劳动生产率提高到了原来的 2.2 倍（图 4-6）。

3. 过程周期的缩短得到了客户的好评，新客户源源不断地加入进来，作业的工作量增加。出于近几年的经济不景气和道路建设的重新规划，整个行业的生产量都在减少。在此情况下，C 企业接到的订单量却与原来持平，且市场占有率实现了大幅

第四章 交付设计的事例

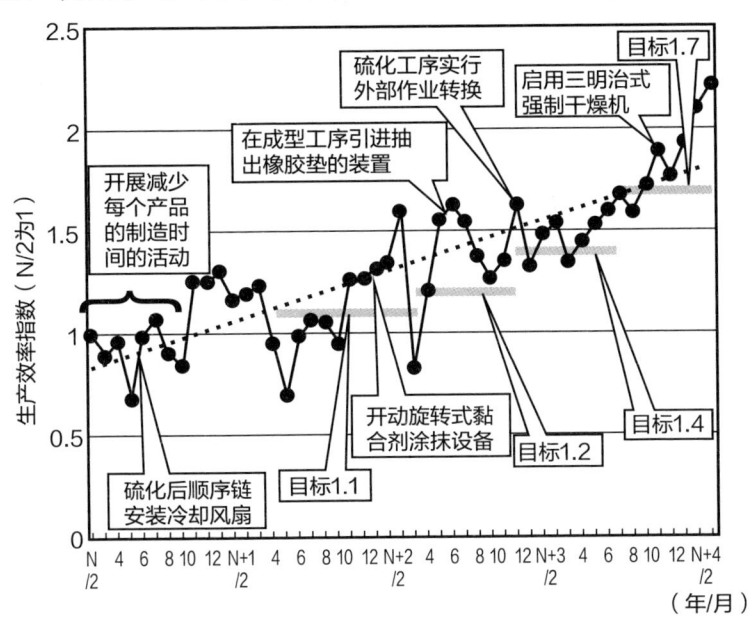

提升（桥梁产品的客户从原来的一家增加到了四家）。

图4-6 劳动生产率的改善措施及成果

❖ 改善团队的声音

1. 客户的订购量浮动很大（1～158个），有时候一次能接到150个订单，有时候一个月也接不到1个订单，订单量只有繁忙期的一半的状况会持续数月。订单集中的时候，我们需要24小时工作，周末也要加班，工作负荷很大。

在这种情况下，管理负责人通过提高工序能力、进行工序外包以及向其他部门申请支援，达到了历史最高的生产数量，为提高生产效率付出了巨大的心血。

就在此时，顾问公司开始实施改善工作。当它们对物的流动提出诸多异议时，管理负责人马上反驳说："虽然汽车零件可以采取库存生产，但这种橡胶制品全部是特殊规格的产品，如果采取一个流的生产方式反而会降低生产率。橡胶制品和汽车零件是完全不同的！"

对此，顾问公司的回答是："TPS（丰田方式）的目标是'一个流'，而贵公司的情况正好符合标准的一个流的条件。让我们一起挑战一下吧。"负责人听了这番话之后茅塞顿开，从那以后，全体员工都抱着打破现状的意识积极投身到了改善活动中。

2. 改善措施实施后，过程周期缩短到了客户要求的交货期的一半，企业迎来了很多新客户。我确信通过缩短过程周期可以让我们在与其他公司的竞争中取胜。

现在，管理者们已经率领改善团队发起了"缩短全部产品的过程周期"的活动，销售部门也加入了这个活动。

第四节　D企业：汽车用品零件制造业

❖ **行业概要**

D企业生产的产品是多种类小批量的汽车零件，汽车厂家要求它们在短期内交货，增加交货次数。日本国内的订单是每个月确定一次，交货周期是 X 企业 1—4—6～1—8—12（交货周期 1—4—6 是指 1 天交货 4 次，接到的订单在之后的第 6 次交货），其他企业 1—1—2～1—1—3。国外的订单是在上个月的第三周确定当月的订购量。

D企业地处日本东北地区，迟纳系数最低的 X 企业在 1.5 天的交货期内仅运输就要用掉 1 天，而对在中国地区（日本国内的地区名）的某家企业而言，由于过程周期太长，只能采取"后补充"的方式，向零件仓库补货。

D企业采用大批量的计划生产方式，生产的过程周期长达 5 天，成品和半成品库存很多。

于是，我们将缩短从接到订单到发出生产指示的过程周期和生产的小批量化作为此次改善活动的着眼点，以减少一半库存为目标开展了改善活动。

交付设计的结果如下：由于 X 企业的交货时间短，所以从产品种类开始增多的喷涂工序开始实施订购生产；对 X 企业以外的其他客户则从焊接工序实行订购生产。主要的改善措施有，缩短订购信息处理时间、将每天进行 4 次的喷涂工序小批量化、改善向 X 企业交货的物流状况。

实施上述措施后，制造的过程周期得到了大幅缩短（5 天→1.75 天，减少了 65%），给 X 企业的库存减少到了 1.1 天（减少了 72.5%）的生产量，给其他企业的库存减少到了 1.2 天（减少了 80%）的生产量，对 X 企业实现了从喷涂工序实施订购生产，对其他企业实现了从焊接工序实施订购生产。

❖ **行业特征**

虽然汽车产业中海外生产的份额越来越大，但也要考虑提高其在国内市场的占有率。

1. 多品种、小批量生产，种类庞杂。
2. 客户：日本国内汽车生产厂家。
3. 交货期：日本国内汽车生产厂家要求 D 企业在短期内交货，并且增加交货次数。

❖ **从接到订单到交货这一过程的特征**

1. 接到订单。

①日本国内的订货每个月内部下达指令一次。交货周期是 X 企业 1—4—6～1—8—12，其他企业 1—1—2～1—1—3（交

第四章　交付设计的事例

货周期1—4—6是指1天交货4次，接到的订单在之后的第6次交货）。

②国外的订单在上个月的第三周确定当月的订购量。

2. 生产。

源流—焊接—喷涂—组装—捆包—发货。

3. 物流。

客户北至岩手，南至九州，范围很广。

❖ 现状和目标

1. 面临的课题。

①企业的生产基地在日本东北地区，迟纳系数最低的 X 企业在 1.5 天的交货期内仅运输就要用掉 1 天，而对在中国地区（日本国内的地区名）的某家企业而言，由于过程周期太长，只能采取"后补充"的方式，向零件仓库补货。

②生产的过程周期过长：5 天。

③大批量计划生产。

喷涂工序每天只做一种产品的大批量喷涂（以 1000 根为单位），每天更换两次颜色。机械加工的削尖工序每天进行两次（早晚班）。

④成品、半成品库存很多。

给 X 企业的库存：4 天［成品（3 天），喷涂（0.5 天），焊接（0.5 天～1 天）］。给其他企业的库存：8 天。

周转率：X 企业为 60 次/年，其他企业为 30 次/年。

2. 目标。

①库存：减半。

②劳动生产率：每年提高 20%。

❖ 改善的经过

因为采购方太远，所以我们曾考虑保留一定量的成品库存。但是因为建筑物内的空间不足，如果放在屋外，每次下雨的时候还要给它们盖上防雨布或者挪到屋内，很费时间，所以我们决定从产品种类增多的喷涂工序开始实行订购生产（X 企业）。

此外，我们还将缩短从接到订单到发出生产指示的过程周期和生产的小批量化作为此次改善活动的着眼点。

1. 将确定订单信息的接收到客户账单的发送这一过程标准化，将已确定订单看板的开头的过程周期的缩短活动和步骤标准化。

2. 考虑到 X 企业的短交货期，在焊接后准备一定量的库存，从喷涂工序实施订购生产。

①每天生产 4 次，实行小批量生产。

②将喷涂的传送带四等分，使各品种同时进行生产。喷涂颜色的切换也分成四等分进行，实现小批量生产（图 4-7）。

因为有些产品没有生产任务只能让机器空着，所以为了提高喷涂效率，我们实施了相关改善。结果，喷涂工序的劳动生产率约提高了 2 倍（操作者 7～12 人，每个人在固定时间内的完成量为 70～146 根）。

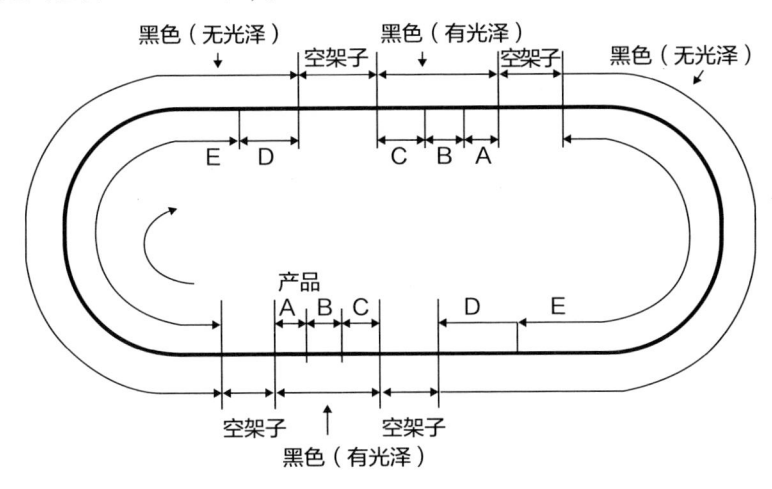

图 4-7 喷涂工序的模式生产（概念图）

3. X 企业的产品全部采取"后补充"的生产方式，其他企业的产品利用迟纳系数的时间差从焊接工序实施订购生产。

①焊接工序和喷涂工序一样，每天生产四次，每次都进行全部种类产品的生产。

②缩短机器运转周期（9.5 秒→7 秒）和作业转换时间（推棒的共用化等，8.5 秒→7 秒），提高了生产效率（630 根/时→790 根/时）。

4. 向交货期短的 X 企业交货要去好几个工厂，往往去后面的工厂交货时时间就比较紧张了。为了避免出现产品滞留的情况，我们委托物流公司安排了多名司机交替驾驶。最终，运输时间缩短了 4 小时，满足了客户对交货期的要求。

❖ **成果**

对 X 企业实现了从喷涂工序实施订购生产，对其他企业实现了从焊接工序实施订购生产。

1. 制造的过程周期大幅缩短（5 天→1.75 天，减少了 65%），库存也得到了大幅削减。其中，X 企业的库存减少到了 1.1 天的生产量（减少了 72.5%），其他企业的库存减少到了 1.2 天的生产量（减少了 80%）。库存周转率方面，X 企业的产品为 218 次/年（3.6 倍），其他企业的产品为 200 次/年（6.7 倍）。

2. 劳动生产率提高到了原来的 1.66 倍（每年提高 11%）。

由于产品的顺利装载，相关部门进行了一定程度的减员（发货 17%，生产管理 15%）。

3. 因为不再持有库存，现场的生产人员有了紧张感，在设备的定期检查（每周一次）与防止设备故障再发生方面有了一定的进步（设备故障 1/10）。

❖ **改善团队的声音**

1. 因为交货期短，所以我们一直留有库存，并采用了大批量的计划生产的方式。说实话，在此次活动开始的初期我们都很怀疑它能否顺利进行下去。

实施交付设计后，我们致力于按订货量生产（订购生产），明确改善的需求，形成了一个好的改善循环。例如，以前设备

第四章 交付设计的事例

出现故障时，我们都会先确认有多少库存，然后预测需要在什么时候之前修好设备，没有丝毫紧张感。而现在没有库存了，现场充满了紧张感，这让我们在设备故障的应对问题上有了进步。

2. 此外，我们也有计划地进行了人才的培养（分别对监督者和操作者进行培训），小组自发的改善活动也拉开了帷幕。

第五节 E企业：气压设备制造业

❖ **行业概要**

E企业主要生产Y企业的OEM产品，其物品流动过程如下：E企业（制造）—物流中心—Y企业（库存费用由E企业负担）—特约经销店（120家）—销售店—顾客。

E企业用成品库存应对从物流中心拿到的订单（分小、中、大三种型号，基本型8个，共有500种）。

实施每个月两种类型交替进行的大批量计划生产，制造的过程周期最短是15天，最长是30天。库存品很多但时常发生缺货的情况，面向特约经销店的交货期遵守率不足50%，处于无法保证准时交货的状态。

当时，气压产品的市场规模稍有缩小的趋势，从市场动向来看决不能保留库存，必须缩短生产的过程周期（目标为1天），减少库存，提高库存周转率（目标为50次以上）。为此，我们贯彻执行了制造、搬运、零件采购的小批量化原则。

上述措施实施以后，从接到订单到交货的过程周期缩短到1.5天，库存（E企业和物流中心）减少了83%，库存周转率提

第四章　交付设计的事例

高到了50.4次。如果将特约经销店的库存也计算在内，库存周转率是17.7次（在行业内处于最高水平），向特约经销店的交货期遵守率也基本达到了100%。

尤其是零件的采购，如果坚持交涉，是有可能实现极小批量采购的。由此，极小量购买成了E企业零件采购的一项准则。

❖ **从接到订单到交货这一过程的特征**

1. 以库存成品应对从物流中心接到的订单。小型（2种）、中型（3种）、大型（3种），8个基本类型，共500种。

2. 上月中旬制定次月的生产计划（计划生产）。

3. 实施每个月两种类型交替进行的大批量计划生产。

每个月两种类型交替进行生产，从生产计划到制造的过程周期最短15天，最长30天。

❖ **现状和目标**

1. 面临的问题。

①库存很多，但时常发生缺货的情况。

向特约经销店的交货期遵守率不足50%，处于无法保证准时交货的状态。把包装好的产品再次打开更换里面的品种的事情也经常发生。借用其他公司的仓库存放成品，最初的库存周转率为9次。

②为了不让机器停下，休息时间也加班，把持有库存当作一件理所当然的事。

③劳动生产率很低。

每种型号的气压设备生产周期都不同，从2.5分钟到15分钟的都有，每次更换型号时都会造成浪费。

持续几天生产大型号的设备时，零件很重，员工的身体负荷过大。

2. 目标。

①库存周转率（E公司和物流中心）：50次以上（包括特约经销店的库存：20次以上）。

②从收到订单到交货的过程周期：1天。

❖ 改善的经过

从气压设备的市场动向来看，企业不能留有库存，所以要缩短生产的过程周期，削减库存，提高库存周转率。我们积极推动了制造、搬运、零件采购的小批量化。

1. 组装的平衡化生产和按订购量生产。

①在组装工序中，将每个月两次的大批量生产改成每天按订购量进行组装。

但是，在一天内要以型号为单位进行批量生产。

1号：小型—中型—大型

2号：小型—中型—大型

30号：小型—中型—大型

②然后改成按每天的订购量一台一台进行生产的平衡化生产，将8个基本型号按组装工时分成3组，将每5台的组装工时

第四章 交付设计的事例

平均化。

1号：小—大—中—小—中—小—中—小—大—小—……

2号：小—大—中—小—中—小—中—小—大—小—……

③因为实行了小批量组装，在交货前一天的下午收到的订单可以在当天的夜班开始组装的前工序，这样第二天早上就可以进行组装了。

2. 零件的小批量化（减少每箱的零件数量）。

企业内部制造的零件和从外部采购的零件的每箱容量数都太大，组装生产线旁边放不下全部型号的零件，所以我们减少了每箱的零件数量。

①前工序的机械加工也改为小批量生产，努力缩短生产的过程周期，甚至连精度很难确保的曲轴也实现了每次只生产5根。汽缸生产原来是1货盘120个，4货盘480个，现在减少到了1货盘24个。

②从材料供应商那里少量购入（首先减少购入量）。

通过提高零件的通用性减少零件的种类（螺栓、垫圈等），所有零件都按个数购买。

努力促使供应商引进看板，使供应商的看板实施率达到96%。

因为会稳定地从零件供应商那里购买产品，所以受到了零件供应商的欢迎。

通过实施以上措施，主要的6种零件的库存金额在3年间减少了约60%。

3. 在组装的前工序（机械加工）留有库存，进行后补充小批量生产。

①为实行一个流生产进行设备改善（缩短生产的过程周期）。

·曲轴的中心机：减少螺栓数量、统一直径。

·导管弯曲机：通过采用四段式曲型、V形夹头消除生产的过程周期，开发按照组装顺序逐根生产的弯曲设备。

②如果设备发生长时间故障，可以先用通用品暂时应急，然后采购正规品。

❖ **成果**

1. 库存周转率（图4-8）。

E企业和物流中心：50.4次（在销售量减少为当初的六成的情况下）。

包括特约经销店的库存：17.7次（虽然未达到预期目标，但在行业内已占据领先地位）。

库存（E企业和物流中心）：减少了83%。

2. 从收到订单到交货的过程周期：1.5天。

3. 向特约经销店的交货率在Y企业集团内占绝对领先地位，达到了99%以上，几乎实现了100%的交货率。

物流中心的库存标准为数月的销售量，E企业的库存率只有50%～60%，非常低。如果特约经销店直接向E企业订货，第二天即可收到货。特约经销店只有0.7个月的库存量，有的大型特约经销店甚至实现了零库存。

第四章 交付设计的事例

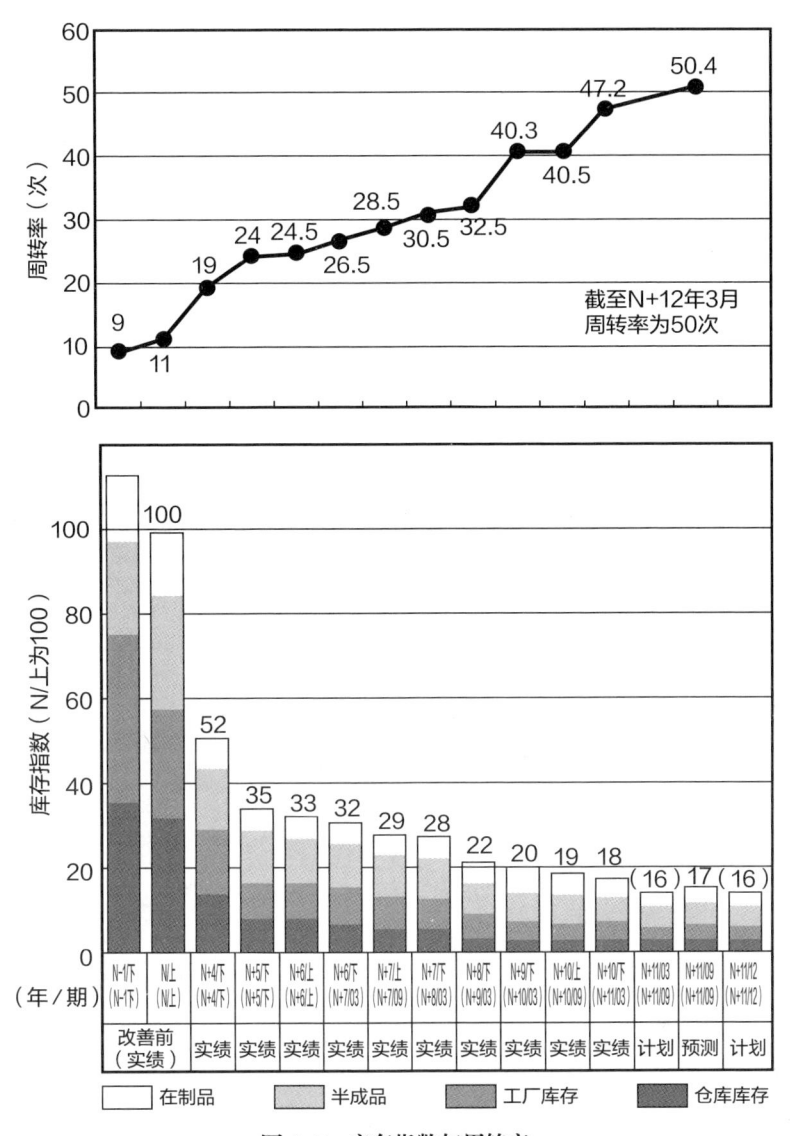

图 4-8 库存指数与周转率

如果将特约经销店和销售店的库存考虑在内，还有很大的改善余地。尽管生产现场实现了多品种少量生产，但让物流中心、特约经销店和销售店理解其中的好处还要花很长时间。为了能尽量按照最终顾客的订货量进行生产，企业需要继续进行改善。

4. 如果努力和供应商协商，可以进行极小批量的采购。

通过实施小批量的采购，库存周转率达到了50.4次，E企业的少量采购成为零件采购的理想模式。

5. 销售量不断减少，每次减少时都通过改善经营方式使企业赢利。最近销售量开始回升，利润率也增长了。

❖ 改善团队的声音

1. 说实话，听说要把工时差很大的产品进行平准化生产时，我深感怀疑。但是，我最终还是朝着这个目标开始努力了。虽然一直很担心不能达到预期目标，但生产现场的改善工作进行得很顺利，最后产品减少了，转接操作也变得容易了，生产现场甚至能够主动提出改善方案。现在回顾改善的过程，我觉得并没有遇到太大的困难。

2. 这次的改善不像以往只局限于生产现场，相关部门也参与进来了。按照这种方式进行下去，我觉得我们一定还会取得好的成果。

3. 改善活动的管理工作也做得很好。根据今年需要达成的目标，我们明确制定了改善内容的年内计划（项目和预期结

第四章　交付设计的事例

果），从公司领导到管理、监督人员都在朝这个目标努力着。

4. 在此次管理指导活动中，我听到了这样一句话："正因为有了生产现场的物品生产，企业才能存活。"我觉得自己第一次遇到了可以信任的人。

第六节　F企业：汽车用品零件制造业（试制品制作）

❖ **行业概要**

F企业生产的汽车零件是汽车设计上变更最频繁的最后环节的零件，如果能满足设计者的要求尽早交货的话，对汽车厂家的设计者来说是最好不过的了。如果设计者知道F企业交货迅速，就会更愿意向F企业下订单，最终F企业就能拿到成批量的订单。缩短试制的过程周期对零件厂家来说是一大有力武器。

F企业从客户出图到试制品交货的过程周期长达18天，其采用大批量生产搬运方式，每天向下一道工序搬运一次。针对这种情况，我们将从客户出图到试制品交货的过程周期缩短为6天（设计4天、制造1天、运输1天）作为目标。

首先，我们开展了缩短制造的过程周期的活动，将活动命名为"1天试制"，并且建立了能从制造部门直接得到试制品信息的组织结构。此外，我们改变了工序的安排，在工序间实施多次搬运，实现了单个产品的流动，最终将制造的过程周期缩短到了1.4天。

然后，我们努力缩短了设计部门的过程周期，通过联动海外设计部门和重新安排设计内容，最终将设计的过程周期缩短到了5天（约减少30%）。

通过实施上述措施，我们将从客户出图到试制品交货的过程周期缩短到了7.4天，交货期遵守率达到了100%，试制品质量优良，得到了订购方的好评。

❖ 从接到订单到交货这一过程的特征

1. 客户出图到试制品交货的流程（图4-9）。

设计（客户图纸变更—零件调整）—制造（拿到组装图—制作）—运输（捆包发货）。

2. 制造工序。

加工、零件采购—组装—检查。

❖ 现状和目标

1. 面临的课题。

①从客户出图到试制品交货的过程周期过长（18天）。

（设计：7天；制造：7天；运输：4天）

②进行大批量生产和搬运，按天将生产的产品运到下一道工序。

2. 目标（图4-9）。

从客户出图到试制品交货的过程周期：6天（原来的1/3）。

（设计：4天；制造：1天；运输：1天）。

❖ **改善的经过**

1. 首先，我们开展了缩短制造的过程周期的活动，将活动命名为"1天试制"。

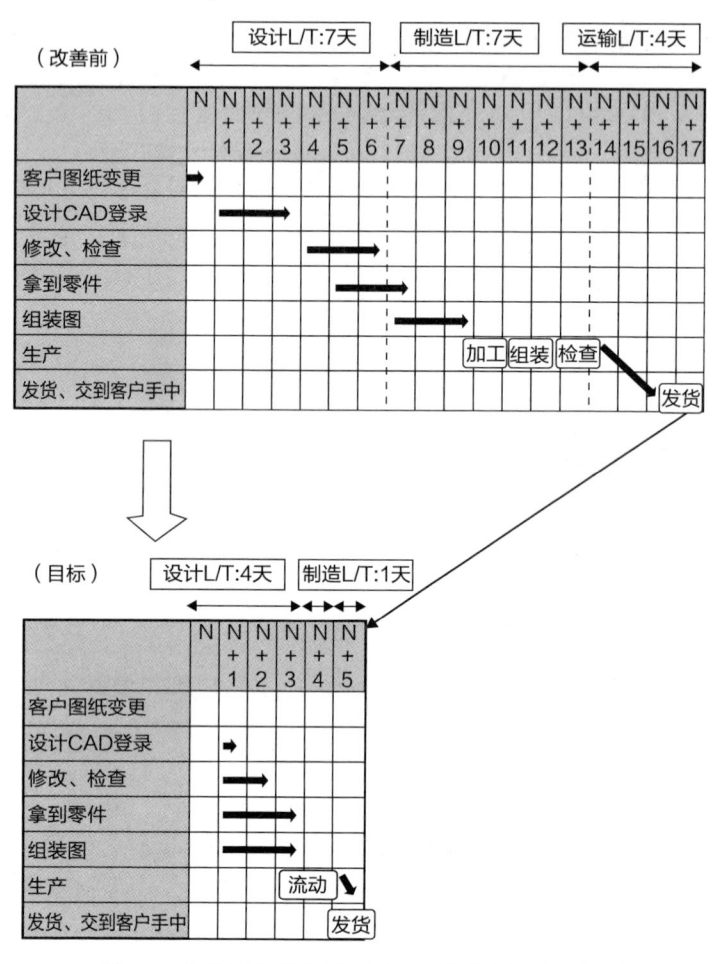

（改善前）

	N	N+1	N+2	N+3	N+4	N+5	N+6	N+7	N+8	N+9	N+10	N+11	N+12	N+13	N+14	N+15	N+16	N+17
客户图纸变更																		
设计CAD登录																		
修改、检查																		
拿到零件																		
组装图																		
生产																		
发货、交到客户手中																		

设计L/T:7天　制造L/T:7天　运输L/T:4天

加工 组装 检查 发货

（目标）

设计L/T:4天　制造L/T:1天

	N	N+1	N+2	N+3	N+4	N+5
客户图纸变更						
设计CAD登录						
修改、检查						
拿到零件						
组装图						
生产					流动	
发货、交到客户手中						发货

图4-9　试制品制造的过程周期（改善前和目标值）

第四章 交付设计的事例

①要求公司内部的设计部门按制造部门希望看到的顺序（零件订购等所花费的准备时间最长）发来图纸。

最终建立了制造部门能直接从数据库拿到数据的组织结构，大幅缩短了准备时间。

②实现工序间单个产品的流动，消除工序间的滞留时间。

产品采取单个搬运方式。专用零件生产线和通用零件生产线同时进行零件加工，预组装之后用专用生产线生产，缩短了过程周期。彻底消除零件加工的滞留时间。推进零件加工的多能工化进程。

③改变了工序的排列，以实现多次搬运。工序间的搬运采用小批量多次的方式，在搬运台车的改造上也下了功夫，缩短了搬运时间。缩短了的搬运周期起到了生产线的起搏器的作用。

上述措施实施以后，制造的过程周期缩短到了 1.4 天（图 4-10）。

2. 然后，我们努力缩短了设计部门的过程周期。

①联动海外设计部门：24 小时应对，公司内设计变更信息的当地化等。

②重新安排设计内容：取消手写的指示文件，设计数据检查的 PC（个人电脑）化等。

最终，设计的过程周期从 7 天缩短到了 5 天（约减少 30%）。

❖ **成果**

1. 从客户出图到试制品交货的过程周期：7.4 天。

（详细设计：5天；制造：1.4天；运输：1天）。

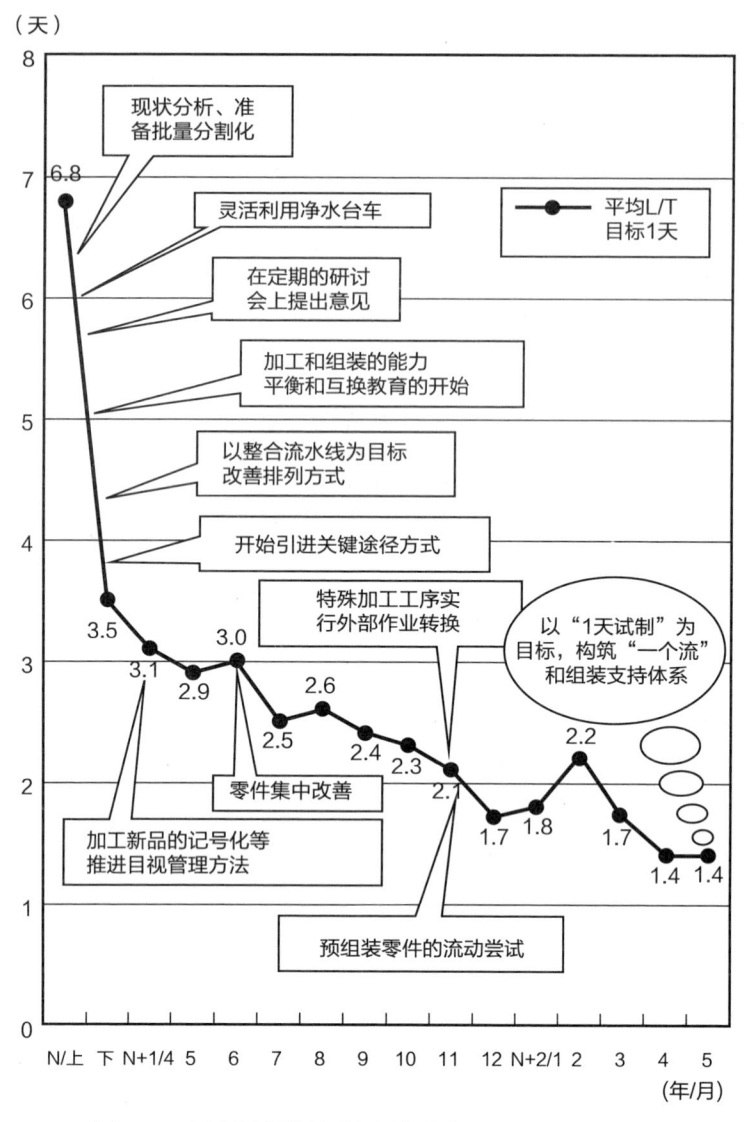

图4-10 试制品制造的过程周期的变化和主要改善项目

2. 交货期遵守率达到了100%，试制品质量优良，得到了订购方的好评。

3. 将能灵活应对设计变更和大量生产的试制生产线的技术方法运用到了量产生产线中。

❖ **改善团队的声音**

1. 在 Niesc 的热情指导下，我们将从试制品设计到制造的过程周期大幅缩短了，也因此拿到了新的试制品订单。其中我感受最深的是不能依据现有的情况制定目标，而要以理想状态（制造：1天）为目标，这样才能取得巨大的成果。

2. 在制造、设计、采购以及其他相关部门的激励和配合下，我们的技术开发能力和技术制造能力都得到了提高，人才培养工作也得到了持续推进。现在我们能灵活应对客户的需求，我想这是我们最大的收获。

第七节　G企业：电线制造业

❖ 行业概要

G企业的客户一般要将多种电线组合在一起使用，所以G企业每天接到的订单种类有几百种。

为了保证生产量和生产效率，G企业一直采取大批量生产方式，这样就可以让设备不停地运转，减少作业的转换次数。

客户对电线进行加工时也需要一定批量的电线，所以有很多库存。在客户推进生产平衡化，将电线使用量恒定化的同时，G企业也在积极推动将订货产品从大的鼓形变成小的线圈。这些措施实施以后，G企业的库存从4~5天的生产量减少到了1.5天的生产量，而其因为客户恒定的订单数也减少了生产变动部分的成品库存，但是成品库存还是有4~5天的生产量。

因为G企业实施线圈交货的方式已经很久了，所以我们将目标设定为将用库存交货的方法改成不需要库存的订购生产，将成品库存减少到0.3天的生产量。

电线的种类繁多，再加上电线有被覆工序，各种电线颜色也不一样，种类就更多了。于是，我们决定从被覆工序开始实施订

第四章　交付设计的事例

购生产，彻底改善生产准备工作，将 10 个生产线的作业转换时间减少到 1/3 以下，将作业转换次数增加到 2 倍以上（图 4-11）。

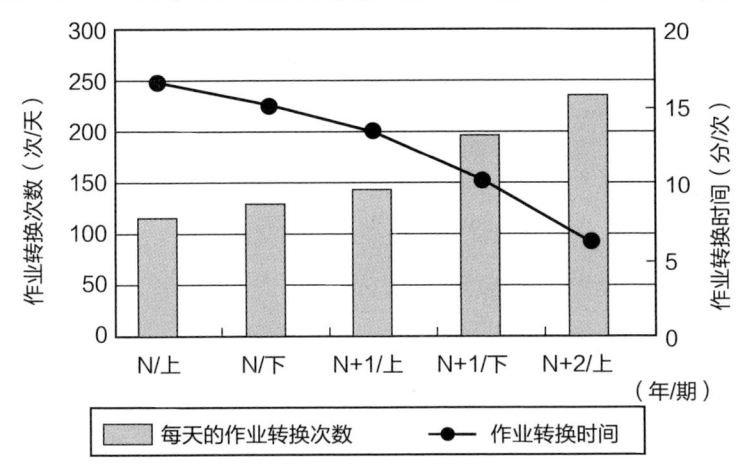

图 4-11　最终工序的作业转换次数和作业转换时间的变化

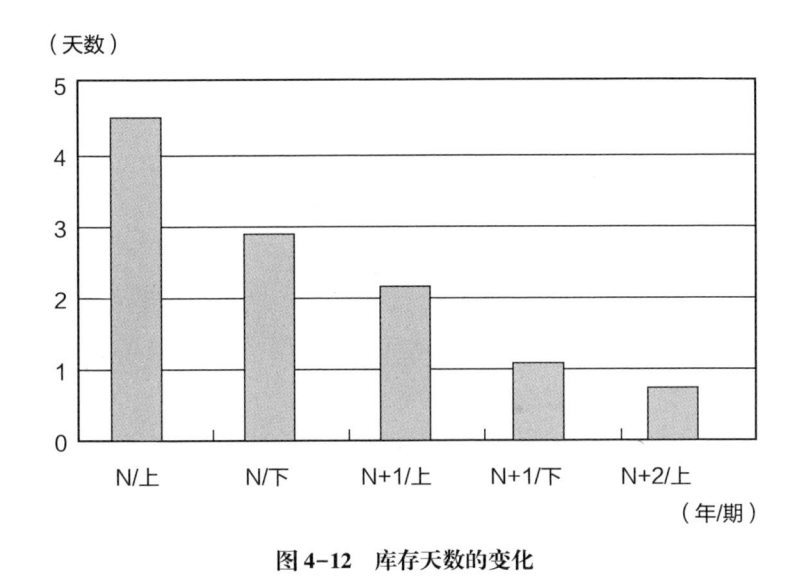

图 4-12　库存天数的变化

措施实施以后，成品库存减少到了 0.8 天（减少了 82%）的生产量，除了特殊电线外都实现了订购生产。由于被覆工序的均衡化，捻线的库存也减少了（图 4-12）。

❖ 行业特征

1. 电线制造业，从事导体（铜）的加工和绝缘体上的被覆工序。
2. 经营的电线品种有 2000 多种。

❖ 从接到订单到交货这一过程的特征

1. 向客户交货的周期是 1—1—3。
2. 客户的订货特点是种类多、数量少，为了在短交货期内完成交货，G 企业采取了大批量生产方式，用库存交货。

❖ 现状和目标

1. 面临的课题。

G 企业为了保证生产量和生产效率，一直采取大批量生产方式，这样就可以让设备不停运转，减少作业的转换次数。但如此一来就产生了库存管理的问题，搬运作业的效率也很低。因为客户订购量的恒定化，G 企业的库存也减少了生产变动部分，但是库存还是有很多（4.5 天的生产量）。

2. 目标。

成品库存：0.3 天的生产量。

❖ 改善的经过

电线有粗细之分，还有捻线，种类不算少，有 20 多种。再经过被覆加工，由于颜色的不同，种类会更多。

所以对 G 企业来说，从被覆工序实行订购生产是再合适不过的了。

首先要增加作业转换次数，这就需要彻底改善生产准备作业。

①尤其要缩短最终工序的作业转换时间，这就需要采取以下措施：彻底区分内生产准备和外生产准备；将夹具工具配置在操作人员的手边；改善装置和机器，使其用手碰一下就可以工作。通过实施这些措施，将现在的 20～30 分钟的作业转换时间缩短到 3 分钟。

②减少改变颜色带来的损失，以达到减少成本的目的。

③同样的设备生产线有 10 个，在 10 个生产线上同时展开此活动。

总的作业转换时间减少到了原来的 1/3 以下，作业转换次数增加了两倍多（图 4-11）。

❖ 成果

1. 成品库存：0.8 天（减少了 82%，图 4-12）。

除了特殊电线，基本都实现了订购生产。有些电线订购厂家不一样，还不能分开生产，所以还有一定量的库存，但已经减少到了原来的 1/4。捻线的被覆工序也得到了均衡化，库存减少了。

2. 由大批量生产改为小批量生产后，劳动生产率提高了10%（图4-13）。

3. 缩减了库存空间，搬运和办理货运的作业也相应减少了。

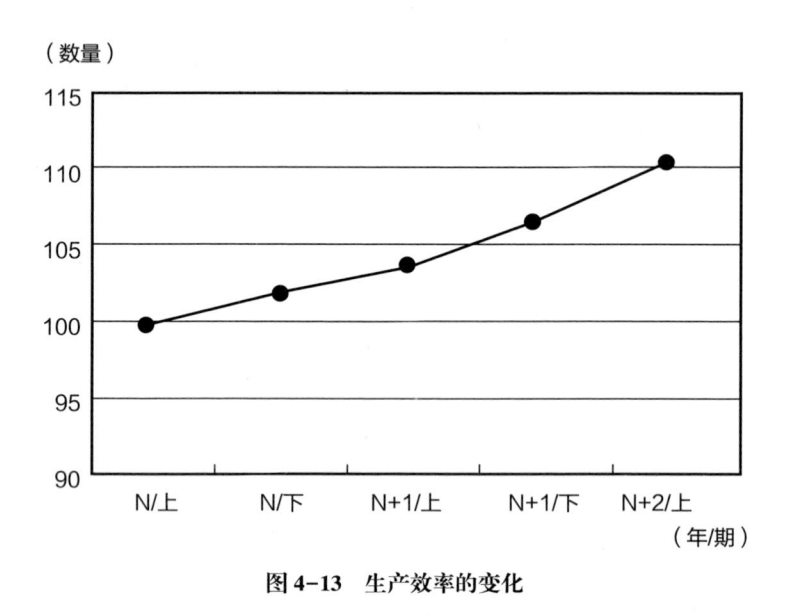

图 4-13 生产效率的变化

❖ 改善团队的声音

1. 库存的减少让现场有了紧张感，设备故障的发生频率减少了，在安全和质量上有了提高。新员工培训的内容也更加丰富了。

2. 此次活动主要是以减少库存为中心展开的，取得的效果很明显。最重要的是，此次活动强化了工厂各方面的能力。

3. 库存周转率还没有达到目标值（100次），所以还要继续推进改善活动。此外，我希望这些活动也能在其他产品上得以开展。

第八节　H企业：精密机械零件制造业

❖ 行业概要

H企业开发的精密机械零件由于性能优良，得以在市场迅速普及，但还是受到了很多后起厂家的冲击。同时，客户也对其提出了超短交货期的要求："如果能马上交货，我们就购买贵公司的产品。"

销售部门会归纳总结收到的订单情况（预测）并向制造部门下订单，制造部门则会根据每天的各工序余力和期望交货期投入生产线进行生产。工序分为机械加工、热处理、研削加工、组装，除了研削加工，其他工序都有外包，尤其是组装工序的外包比率较高（50%以上）。标准品实行大批量生产（100～300个），特殊规格产品则根据收到的订单量（1～100个）进行生产。

因为H企业采用大批量生产方式，从素材到组装的过程周期长达23天（平均数），各工序间也积压了很多库存（20多天的生产量），所以经常会发生交货期延误的情况。

于是，我们将实施交付设计的目标定为对两种主要零件中的零件 a 实施订购生产，零件 b 采用库存后补充方式进行生产，最终将制造的过程周期减少到了 3 天，半成品库存减少了 80%。

方针和改善内容是缩短过程周期（贯彻工序内半成品的总量规则、增加工序内外的搬运次数）和提高设备能力（缩短作业转换时间、实行小批量生产、缩短设备运转周期）。

通过实施以上措施，制造的过程周期缩短到了 3 天，半成品减少了 87%。

❖ 行业特征

1. 精密机械零件。

用在产业应用的设备机械、机器人等中枢部位的紧密机械零件。

2. 客户提出超短交货期的要求："如果能马上交货，我们就购买贵公司的产品。"

由于 IT 泡沫的崩溃，一个月的生产量激减到原来的 1/5。客户提出超短交货期的要求："如果能马上交货，我们就购买贵公司的产品。"（交货期在 3 天以内的比例由 14.9% 提高到 25.7%）。

3. 来自后起厂家的冲击。

20 世纪 70 年代，使用 H 企业开发的零件的机械设备不但从性能和功能上有了很大提高，在节省能源上也有了很大的进步。H 企业的市场份额被后起厂家抢去了不少。

4. 产品分为标准品和客户定制的特殊规格品，产品种类庞杂。

产品共分为4个系列，每个系列里又有几种尺寸，其中还分为标准品和客户定制的特殊规格品。总之，产品种类很多。主要零件有两种（零件a、零件b），是用特种钢制造的。

❖ 从接到订单到交货这一过程的特征

1. 客户都是从事高科技产业的。

标准品的交货期一般为几天，时间很短；特殊规格产品的交货期从几天到几个月的都有。

2. 销售部门归纳总结后下单。

标准品（目录产品）由销售部门备有库存，实行计划下单。

对于客户定制的特殊规格品，销售部门会按种类向工厂下单。

3. 生产计划。

工厂每月生产标准品一次，每天都会从销售部门接到客户定制的特殊规格品的订单，这要根据每天的生产线余力和要求的交货期投入生产，投入生产的产品由工序管理者管理进度。

4. 生产工序。

机械加工—热处理—研削加工—组装。除了研削加工，其他工序都有外包，尤其是组装工序外包比率较高（50%以上），因此生产的过程周期很长。

标准品实行大批量生产（100～300个），特殊规格品根据收到的订单量（1～100个）进行生产。

5. 物流方式。

标准品装入销售部门仓库，客户定制的特殊规格品用卡车分别发货。

❖ 现状和目标

1. 面临的课题。

①由于实行大批量生产的方式，各工序间的库存很多（20.6天的生产量）。

②从素材到组装的制造的过程周期长达23天（平均数）。

2. 目标。

制造的过程周期：3天。

半成品库存：减少80%。

❖ 改善的经过

我们对零件a实施订购生产，零件b实施库存后补充方式进行生产。

1. 缩短过程周期。

①工序内半成品量的总量规则（运用书写板）。

为了防止在工序内投入过多的生产量，在第一道工序里只投入能完成的部分。

虽然最终都要把订单量投入生产，但投入过多只会导致半成品滞留在工序内部，使过程周期变长，而且订单还会从销售部门源源不断地送进来，如果将所有的订单量一股脑地投入生产会造成工序内的半成品越积越多，过程周期越来越长，导致生产者也不知道先从哪里动工比较好。如果交货期临近了，就由工序进度管理者来负责应对。最终，我们决定限制往工序内投入的生产量，严格遵守书写板上的规定，在前面的工序限制材料的投放。

②消除工序内的滞留时间，使投到工序内的生产量能在短期内完成。

我们将研削加工设备按照工序顺序排成一排。在提高组装能力（排除组装作业中的浪费）的前提下提高企业内部组装的比例，因为在企业内部组装过程周期会比较短。

③以往是一天搬运一至两次，几十个或几百个一起搬运。

我们决定在研削工序中，按每一台的分量（5个）搬运一次。

④引进"LL比"概念。

H企业的"LL比"很大，组装工序的是几倍，加工工序的是十几倍。需要进行小批量生产并增加搬运次数。

一般企业的搬运批量和生产批量一样大，甚至比生产批量还要大，如果搬运批量比生产批量小就能改善"LL比"。

假设生产批量是10，如果进行单个搬运，它的过程周期就和一批只生产一个产品的过程周期一样了，这样可以减少工序间的库存。

2. 提高设备能力。

①推进改善工作，使设备能力出现富余。设备能力有富余

了，就能在必要的时间开始加工，这样人的效率会提高，库存也能减少。

②将订单分割开进行思考，减小设备负荷的偏差。

有的生产线备有一些专用式样的加工器械，如果从销售部门接到一个大订单，专用式样的机械负荷会比较大，其他机械就会处于比较空闲的状态，这样就产生了窝工损失费。我们可以采取这样的对策：如果从销售部门拿到的订单量是20个，我们可以考虑是接到了4个、5个的订单，这样就可以分散订单，不让机械出现过高负荷或过低负荷的情况，进而提高机械利用的效率。

❖ **成果**

1. 制造的过程周期：2.9天（企业内）、3.8天（外包）（图4-14）。

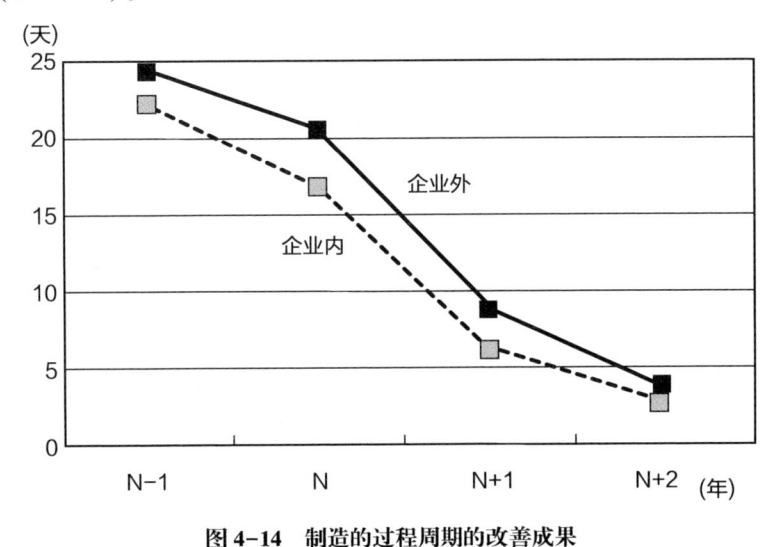

图4-14 制造的过程周期的改善成果

2. 半成品库存：减少了87%（图4-15）。

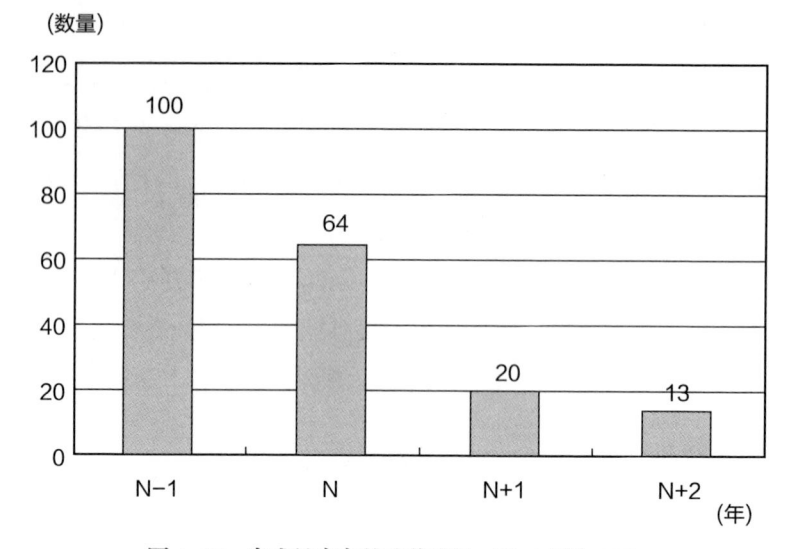

图4-15 半成品库存的改善成果（N-1年为100）

3. 现场的改革处于一个良好的状态，但从"Z形流程"管理（第一章）的观点来看现场改善已经发展到现场改革，还需要进一步将其发展到管理改革。而且，如果想对销售部门备有库存的标准品实施订购生产，还需要进一步缩短过程周期。现在尚处于缩短过程周期，减少后补充的库存的阶段。

❖ **改善团队的声音**

1. 因为以往的一贯做法和当时的高负荷生产，起初我对这次的改善活动并没有多大兴趣。后来由于IT泡沫的崩溃，订单量下降到了顶峰时期的两成，这让我有所觉醒。而当我听到

第四章　交付设计的事例

"企业怎样才能在经济环境巨变的情况下求得生存,怎样才能缩短过程周期受到客户的欢迎?"这样的话时,我又重新鼓起了斗志。

2. 我在进行企业内部改善的同时,参加了 Niesc 主办的"IE 实践研究会",在学习怎样进行人才培养的同时,也在 IE 研究会其他成员严格的目光下进行了改善工作。

某系列产品经过从切断到平面研削的改善活动后,过程周期缩短了 89%,劳动生产率提高了 14%。同时,组装工序劳动生产率提高了 40%,超过了预期的目标。

这一切让我感到非常惊奇,企业的其他员工也说:"在进行这个活动之前我感到很不安,但是现在觉得能有这个机会真是太好了,我实在没想到能取得这么大的成果。"我们的另一大收获,是从这次活动中产生了成就感和改善的喜悦感。

第九节　交付设计的条件无法满足时的对策

实施交付设计和订购生产的条件在第三章中我已经提到过了。

1. 将制造的过程周期缩短到客户要求的过程周期的 1/2 或 1/3 甚至更少。

如果现场每天的生产量波动很大，企业就必须按生产量最大时的需求量配备人员和设备，或是通过保有一定量的库存来应对，这样现场的生产效率就会降低，所以要将制造的过程周期缩短到客户要求的过程周期的 1/2 或者 1/3 甚至更少，这样生产负荷就能均衡化，生产量摆动的幅度会减小，还能保证高效、低成本的生产。

2. 改善生产方式，按照订单量进行生产。

为了能实施按订购量进行生产，必须极力缩短作业转换时间，具备极小批量生产（一个或者一箱）的能力，而且必须保证百分之百的良品率。

但是，也有无法同时满足前面两个条件的状况。

A 企业满足 2 的条件，能按照订单量进行生产，但制造的过程周期正好是客户要求的过程周期，或者只能从中间工序实

第四章　交付设计的事例

施订购生产。这样的话，A企业一接到订单就要立即投入生产，每天的生产量变化很大，生产效率也开始降低。

面对这种情况，A企业可以从能赶上客户要求的交货期的工序开始"对销量不大的产品进行订购生产"。当订单量少的时候，可以多生产一些畅销品作储备，这样当订单量多的时候就可以动用库存的畅销品，均衡生产量。

B企业满足1的条件，可以将制造的过程周期缩短到客户要求的过程周期的1/2或1/3甚至更少，但不能进行极小批量生产（一个或一箱）。

面对这种情况，B企业可以将不能进行极小批量生产（一个或一箱）的销量不大的产品按一定批量进行生产，当作库存，然后对其实施后补充生产。对于畅销品（卖剩下的产品较少）则进行订购生产，即按订购量进行生产。

每天的生产量波动是不可避免的，为了在这种情况下保证现场的生产效率，企业可以采取以下措施。

1. "将现场的制造的过程周期缩短到客户要求的过程周期的1/2或1/3甚至更少。

2. 改善生产方式，尽可能实行按订购量进行生产的方式，在没有达到这个实力的时候可以采取A、B企业的方法。在这两种方法中，A企业的方法（对销量不大的产品进行订购生产，作为生产量波动的对策，可以多生产一些畅销品作储备，然后进行后补充生产）更加有效，请尽量采用A企业的方法。

第五章

改善的推进方法

- 改善的种子：企业经营者要亲临现场，实地考察。
- 改善的萌芽：上司要把下属的话都看作意见。
- 改善的精神：拿出无论谁反对都会尽快实施的姿态。
- 想知道现场的生产情况，不要直接问生产的方法，而要问现场出现了什么现象。
- 要将按计划推进取得的成果和在现场实际解决问题取得的成果综合起来进行评价，且偏重后者才可以让公司更具活力。
- 团队成员最重要的工作就是保证产品质量的稳定性和一致性。

第五章 改善的推进方法

在此我想将第一章到第四章的内容总结一下。

第一章讲述了企业要想在现今激烈的竞争中胜出，不能采取"以应对为基础的管理方式"，而要实行"追求本质的管理方式"；不能根据经验数值和以往的数据制定目标，而要制定一个能调动现场员工干劲儿的目标。然后展开"Z形"的流程管理模式，这样做可以使企业从现场改善走向经营改革，取得巨大成果。

当然，在这个过程中一定会有很多问题产生，为了解决问题，一定要亲临现场反复问"五次'为什么'"来找出事情发生的本质原因，预防同样的问题再次发生。文中我用事例说明了这一点。

最后，我提到了今后越来越需要重视现金流的经营方式，因此经营资源的灵活利用，尤其是时间轴的竞争，即"过程周期的最短化"成了企业的生命线。

第二章以为经营作贡献的现场改善的理念和实践方法为题，讲述了彻底排除浪费、降低成本的必要性，并且从"准时生产"和"劳动生产率"着眼，阐明了排除浪费的理念和推行方法。

同时，我还就"管理方式的好坏"、"员工人数的最小化"和"高效的操作动作"三个方面详细叙述了它们对劳动生产率的提高作出的贡献。其中，过程周期的缩短尤为重要，它也是推行交付设计方法的基础。

第三章阐明了本书的中心——"交付设计"是什么。

交付设计以缩短交货期、提升客户满意度为目的，"在客户期望的过程周期内尽量减少各工序的库存（成品、半成品、材料），将信息、设计、生产、物流的过程周期最小化以实现订购生产"。我相信企业可以凭借它获取新的客户，降低成本，给企业带来巨大收益。

第四章介绍了我和各个企业的管理者一起开展交付设计活动的事例。在这个过程中，我学到了很多东西。

第五章我将从自己的经验出发，来谈一下推进现场改善、改革活动时企业需要具备怎样的文化和精神风貌。

希望经营者和管理者们能从本书中有所借鉴。

第五章　改善的推进方法

第一节　提倡迅速改善的企业文化很重要

我深感要推进现场改善、改革，企业的文化和精神风貌很重要。

现在现场的水平是以往努力的积累和结晶，如果这个水平很低，一定要清楚认识并接受这个不足，争取今后将它提升到更高的水平。

同时，今后改善的速度也很重要（图5-1）。

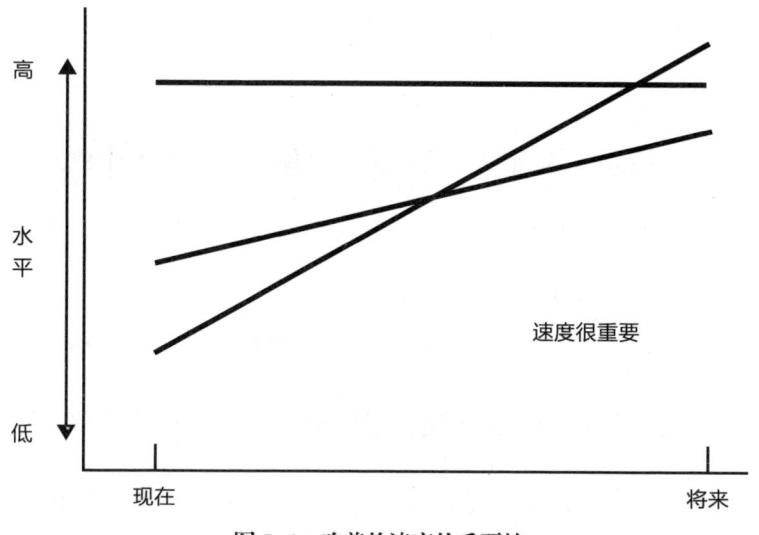

图5-1　改善的速度的重要性

即使企业现在处于一个很高的水平，只要改善速度很慢，就会被改善速度快的企业赶上并超越。

那么，提高改善的速度需要什么样的企业文化呢？我想通过自己的经验来谈一下。企业文化有很多种，我将它分成了以下五个种类。

（1）无视改善的内容，只要是改善便立即反对的企业文化。

（2）口头答应但不去实施，以致延误时机的企业文化。

（3）只执行上层领导（上司）指示的企业文化。

（4）无论是上层领导（上司）的意见还是部下的提议，只要是合理的改善计划便着手实施的企业文化。

（5）不限于公司内部，无论是谁，只要提出的改善意见合理便立即采纳的企业文化。

❖ 无视改善的内容，只要是改善便立即反对的企业文化

无论改善的内容是好是坏，只要是改善便立即反对。例如，假借按照制度办事之名反对合理化改革。无论做什么都反对，只是为了反对而反对，这样的企业文化很难落实改善活动。

❖ 口头答应但不去实施，以致延误时机的企业文化

面对改善提议，只是口头答应，用"我们会考虑一下"的托词搪塞过去，不会付诸实际行动，等待提议的人忘记这件事，或是等待提出这个意见的上司调到其他地方。

这种企业文化会打击有能力的员工的积极性，以致最后他们会对公司绝望，辞去工作。

❖ 只执行上层领导（上司）指示的企业文化

指一味服从上级指示的文化。

如果是有能力、人品好的上司还好，但不是所有的上司都是这样的。过度依赖上司会导致企业的改善进度完全取决于某一个人的意志。

❖ 无论是上层领导（上司）的意见还是部下的提议，只要是合理的改善计划便着手实施的企业文化

指那些兼具"由上至下"和"由下至上"的文化的企业。换言之，就是下属积极提出自己的意见，如果意见是好的，上司就会予以采纳。

能做到这一点，说明企业已经形成了相当好的文化了。在这样的企业里，上司和下属之间会产生"一体感"和"信任感"，会共同为企业的进步而努力。

❖ 不限于公司内部，无论是谁，只要提出的改善意见合理便立即采纳的企业文化

最好的企业文化是从善如流的文化，不拘泥于企业内部，只要是好的意见就采纳。古语云："他山之石，可以攻玉。"企业不仅要学习成功的事例，还要从失败的事例中吸取经验教训。

如果企业拥有这种文化,即使现在还处于初步发展阶段,也能凭借今后的快速改善加速发展。无论是顾问的意见还是企业外部人员的意见,只要是对企业有益的意见就会立即采纳并实施,这样的企业一定会取得很大的发展。

以上将企业文化分为五个级别,不知道您的企业现在处于哪个级别呢?

现场的作风一般比较保守,如果不出大问题,谁都不愿意改变现有的做法。现场应该做到有好的想法先付诸实践,如果效果不错就继续执行下去,如果没有达到预期的效果就恢复原来的做法,要把改变当成一件好事。

俗话说"巧迟不如拙速",意思是虽然做得很精巧,但也还是做得慢不如做得快,只要做得快,做得差一点也没关系。虽然这句话有其片面性,但它告诉我们快速采取行动的重要性。通过尝试可以发现新的浪费,然后改善这种浪费,通过这样做来加快改善周期,最后便能取得良好的成效。

有个词叫"朝令夕改",说的是方针和指示如果变个不停就会让人无所适从。但如果发现自己早上说的话是错误的,还是立即改正的好,不要等到晚上才改正,要"朝令昼改",白天就要改正,而且改正的速度一定要快。

企业文化是人的行为的结果,所以要想培育出好的企业文化,首先要培养出有好的想法并勇于付诸行动的人才。所以说改善活动不仅对提高现场水平有帮助,也是人才培养的鲜活的教材。

好的企业文化是改善速度快、好的提案能立即得到实施的文化。下面我想谈一下怎样培育"提倡改变"的企业文化。

❖ 首批去国外工作的员工的重要工作就是培育出"无论是谁,只要提出好的建议,就立即采纳的企业文化"

今后会有很多企业在国外建设工厂,也会有很多员工被派到国外工作,我想对他们说几句话。

将员工派遣到国外的目的是将新工厂建设好。其中有一件重要的事情,那就是建立起好的提议立即就能得到实施的企业文化,并让这种文化在企业扎下根来。当地的员工都是被这些首批海外派遣人员招入公司的,受到过他们的培训,也会听他们的话。但是以往的海外派遣人员都更加重视制造出质量好的产品,因此他们往往会制定出一条标准,整天教育当地的员工说:"要遵守这个标准。"可以说这是一个彻底的"遵守的企业文化",当地员工很好地遵守了它并取得了巨大的成果。

第二代及以后的海外派遣人员将不再是当地员工的录取人,而当地的员工也积累了很多工作经验。这时候,当这些海外派遣人员再提议改变现场的情况时,往往会遭到反对,提议很难得到执行。因此我希望以后的海外派遣人员在建造工厂、引进设备和开始生产的过程中,都能带有强烈的"培养好的提议能立即实施的企业文化"的意识。

我认为首批海外派遣人员必须具有"改变是一件好事情"的意识,这样当地员工才能养成不断推行好的措施和意见的习惯。如果能培养出这样的企业文化，第二代及以后的海外派遣人员只要招聘那些能增强现场技术能力的员工（从日本招聘也可以），做一下管理事务就可以了。

第二节　以建立"重视尝试的企业文化"为目标

前面我已经说过，企业要想推行改善工作，首先要培育出"只要是好的提议就会采纳"的企业文化。

因此，企业经营者、管理者要考虑以下三点。

- 改善的种子
- 改善的萌芽
- 改善的精神

❖ 改善的种子

改善的种子只存在于现场，现场之外没有改善的种子。

企业经营者、管理者在对员工说"密切注意现场，及时发现异常情况"的同时，自己也要亲临现场，实地考察，做出表率。

此外，问现场的员工很重要，对现场的实地考察更重要，一定要贯彻这一点。

他人的话难免会带有主观色彩，甚至可以说他们都会避开一些对自己不利的事情，因此我们不能听人说话，而要听现场说话。现场会向你真实地展现它的情况，让你发现改善的种子。

第二章中我说过，库存的浪费是难以判断的浪费，而动作和加工的浪费是只要发现了就可以判断出来的浪费，前提是我们有发现浪费的眼光。企业应该将库存彻底当作浪费，一定要减少库存，对于动作上的浪费则要注意培养发现它的能力。

请思考如何对现场进行实地考察并付诸实践，通过这样做来提高自己发现改善的种子的能力。

❖ 改善的萌芽

企业要树立"人人都可以做到改善"的信念，培养改善的萌芽。

所有人都会从自己的立场、角度发现改善的种子，首先要有积极采用现场改善方案的姿态。

将下属的话看作意见还是抱怨取决于听的人而不是说的人，我希望上司能把下属的话都看作意见。

下属一般不愿意说自己很为难，他们都会尽量提出改善方案，如"我想把这里做一下改动"等。这是非常好的事。当然，他们提出的方案也不全是好的，所以当他们提出的方案不尽如人意时，千万不要打击他们说："这个方案绝对不行，成效不大，成本还很高。"要先问清楚并理解真正让他苦恼的事情，然后和他一起想办法，提出有用的建议。目的只有一个，方法却有很多种。千万不要扼杀改善的萌芽，企业要做的，是好好培养出更多改善的萌芽。

第五章　改善的推进方法

❖ 改善的精神

现场还是比较保守的，因此要改变现有的做法时，企业经营者、管理者不要说一些"谁谁谁反对这样做"的话作为改善无法实施的理由，而要拿出无论谁反对都会尽快实施的姿态。

用一个词来概括这种将好的意见快速实施的态度、信念和气魄，就是"改善精神"。

第三节　如何以更快的速度实施改善

下面我想根据自己的经验谈一下如何快速地实施改善，以及它需要具备哪些条件。我认为以下五个条件是必需的。

①要有一个基本理念，即将现场改善成什么样子（如准时生产等理念）。
②有一个教育员工辨别浪费的培训机构。
③拥有将改善方案落到实处的人才（员工、管理者、监督者等）。
④有可以实施改善方案的组织（团队）。
⑤现场有接受改善的度量。

❖**要有一个基本理念，即将现场改善成什么样子**

要清楚现场的改善方向，拥有明确的企业理念，这是一个大前提。

例如要实行准时生产等，企业要有一个这样的理念。前进的方向随时都会发生改变，所以企业在着手进行改善时会产生踌躇，这样就无法快速地进行改善。

第五章 改善的推进方法

❖有一个教育员工辨别浪费的培训机构

不符合基本理念的东西都可以看作浪费,所以平时就要注意企业方针和信息的共有化。

这一点第二章已有详细叙述。如果发现了浪费,就可以明确改善的方向。

❖拥有将改善方案落到实处的人才

可以根据改善的想法制定出具体的实施方案,并征得相关人员的同意,企业需要这样的人才。

员工具备这种能力非常重要,如果只有一个不甚清晰的改善的想法,会让每个人产生不同的印象,无法让全体员工有一个统一的行动方案。

在制定实施方案的过程中,下面的事情十分重要。

如果总是肯定现状,就发现不了问题点,所以改善要从否定现状开始。在发现问题点并制定改善方案时一定要注意有没有负面效果,或者有没有遗漏重要的事项,制定改善方案一定要慎重。此外,询问现场对改善方案有没有什么担心的地方也很重要。

❖有可以实施改善方案的组织

要想实施改善方案,改善团队一定要拥有实施它的技术以及坚持到底的意志。希望企业能尽量成立一个专门的改善团队,并且定期将流水线上的员工替换到这个团队中来，多培养出一些这方面的人才。

❖ 现场有接受改善的度量

现场要有接受改善的度量，一般改变现有的生产方式时，短期内会出现生产率下降的现象，这时现场一定要忍耐，要相信预期的成效一定会出现，尤其是管理者、监督者要有这个度量。现场是否接受改变，是否能对改善团队说"我们会支持你们的，让我们坚持到最后吧"，决定着最终的改善速度。

快速推进改善需要具备上述五个条件。下面我想谈一下人才培养问题。

第五章　改善的推进方法

第四节　人才培养是经营者、管理者的重要职责

这一节我将从自己接受的教育以及教育他人的经验出发,谈谈我对人才培养的一些想法。

❖ **人数越少越能培养出精锐**

人们常常将少数精锐理解成从众人中选出少数几个优秀的人来,我却将它理解为"减少人数,然后将他们培养成精锐"。

工作场所中有很多要做的事情,如果人数太多,就会有人分到不太重要和不太紧急的工作,工作量也会变少。由此,他们不用全力以赴便可轻松完成工作,谁也不会考虑提高工作效率的问题了。

如果人数少,就必须优先做那些紧急且重要的事情。虽然说要根据每个人的能力来分配工作,但是委派他们紧急的工作可以提升他们的工作能力,最后这些人都会被培养成精锐。

❖ **从理想状态出发,指导员工应改善到什么程度**

我曾在很多公司的改善成果发表会和报告会上作过点评。在这个过程中,我会注意不去点评每个实施事项的成果,而会

193

以他们达到了理想状态的那个水平为中心进行点评。

举个例子。假设某公司说:"我们通过改善活动已经将库存减少了一半(只是 3 天的份)。"这个时候我一般会说:"库存是减少了一半,但是如果看绝对值,企业还有 3 天的库存,从这个流水线本身的搬运频率和生产批量来说,本来就应该达到这个水平,因此现在要做的是将库存减少到 2 小时的生产量,而现在的库存是它的 12 倍(按 1 天 8 小时计算)。"

我们也可以用打高尔夫球来作比喻。你站在开球区(现状)打球,你打出了多远决定了球离旗杆(理想状态)还有多远,我希望大家能明白这个道理。

改善团队的员工经常把目标值错认为旗杆(理想状态),只是一味地朝自己设定的目标值努力。

企业要经常把理想状态装在脑子里,朝它做出更进一步的努力。虽然从现状来评价各个实施事项的实施成果也很重要,但局限于这一点就不能取得更大的进步。

❖ 培养"能进一步完善改善方法"的团队

近几年我们一直在开办由各个行业成员组成的 IE 实践研究会,实践改善活动。

IE 实践研究会的目的不仅在于改善现场,更在于"完善现场的改善方法",因为改善团队的工作不仅是改善现场,还要研究怎样让改善工作得到迅速实施,这是改善团队提升生产效率的有效方式。

第五章　改善的推进方法

让我们拿登山来作比喻。登山有两个问题：一是要登多高的山（改善水平）；二是以多快的速度登山（提高改善速度）。对改善团队的教育一定不能忽视这两个问题。

但是，我在改善发表会上经常听到的是"我们取得了多大的成果"，而不是"我们是以怎样的效率完成它的"。例如，IE实践研究会的 10 个成员花费 8 小时做的改善工作我一个人 2 小时内就完成了，那么我的生产效率就是他们的 40 倍。希望改善团队要有效率意识，不断提高改善的速度。

要做到这一点，需要具备从现场的庞大信息量中提取出对改善工作有用的信息的能力。让我们用下象棋来作比喻。实战中经常有"将军"这一步，只要是专业棋手都会下这步棋，但是他们不会轻易使出这一招，因为前面的棋子布置十分重要。收集有用信息就像"将军"前的棋子布置一样，不经过这个阶段，改善工作是不会取得成功的。

所以，具备收集整理能解决问题的必要信息的能力对管理者和改善团队来说非常重要。

为了提高这个过程的效率，我在询问的方法上做了研究。

想知道现场的生产情况，不要直接问生产的方法，而要问现场出现了什么现象。将这个现象和以往见到过的现场模式进行比较，就可以知道现场的生产情况了。撇开细节的问题不说，采用这个方法一般可以更准确地掌握整体情况。

例如，问现场："有缺货现象吗？"如果回答是"有"，可以推想出缺货原因可能是生产批量过大，或者在进行计划生产，跟不上需求变动。如果想知道库存量是否合理，可以问："这里的生产批量是多少？"然后通过这个数字计算出每天需要的量，将现在的库存量和它进行比较。如果现在的库存量比它多，就说明库存量过多，还存在缺货现象。

为了进行类似训练，我曾在某工厂见习会后的研修会上让现场员工思考过这样一个问题："请描绘一下现场理想的状况。你认为采取怎样的改善措施才能提高生产效率呢？"

我将成员分为四组，让他们分别从JIT观点、劳动生产率观点、员工人数的最小化观点和企业文化的观点来思考这个问题。对企业文化那组，我还特别让他们思考怎样提问才能提高改善的效率，并让他们把这些问题按顺序整理成了一本手册。虽然事先的准备工作很重要，但根据现场随机应变的能力也很重要。

我去海外工厂时，为了了解当地的水平，也按同样的方式进行了提问。只是提了一些关于现象的问题，现场就有人流露出了奇怪的表情，他们对我为什么这么问感到不可思议。但是当我的问题逼近现场的生产状况时，有人显露出了被踩到痛处的表情，也有人表示会立即改正被指出的问题，大家的反应各式各样。

改善团队必须学会描绘现场的理想状态，并且要将其体系化，在了解现场现有水平的基础上，高效率地推进改善进程，这是改善团队应具备的重要能力。

第五章 改善的推进方法

❖首先培养"短距离型改善人才",再将其培养成"长距离型改善人才"

现场的问题分为两种:一种是短时间内就能解决的问题,另一种是需要长期研究慢慢解决的问题。对于那些由于相互作用产生的涉及多个方面的复杂的问题,我们不能用简单的方法去处理它们,而要采取实验计划法一步一步地去解决它们。

改善团队既需要快速处理问题的能力,也需要经过长期的调查研究后解决问题的能力。

我们可以称能快速处理现场问题的人为"短距离型改善人才",称长期调查研究后解决问题的人为"长距离型改善人才"。那么,企业应该如何培养这样的人才呢?

当然,同时进行短距离型和长距离型双方面的教育训练很重要,但我认为比较有效的方法是先将员工培养成短距离型改善人才,再交给他们长距离型改善的课题,让他们研究。

然而,近期的员工从进公司开始就在接受长距离型改善的培训,企业越是高呼要重视教育培训,培训专管部门的管理者就越偏向于长距离型改善的教育。因为培训专管部门很难进行短距离型改善培训,所以直属上司不得不亲自在在职训练(OJT)的过程中对员工们进行这方面的教育。

回想我自己刚进公司的时候,曾受到大野耐一等前辈的诸多指导。他们在OJT的过程中教我怎样迅速处理问题,意在将我培养成一个短距离型改善人才。此后,培训部门的人开始教我怎样处理长期问题，为我拓宽了眼界。

但是现在的人事考评制度只重视长距离型改善人才，忽视了那些每天在现场做出实际成果的短距离型改善人才。我认为应该将按计划推进取得的成果和在现场实际解决问题取得的成果综合起来进行评价。而且我认为，偏重后者才可以让公司更具活力。尤其是对年轻的员工，要将评价重点放在短距离型改善成果上。

※新员工进入公司后的"工作方法的教育"决定了他们能否成长为一名合格的员工

新员工刚进公司的时候，上司对他的教育方法对他以后的工作态度和职业生涯会产生很大的影响。

例如，班长要对新人说："你先做这些工作就够了，这件事的目的是这个，但你刚开始肯定做不了全部的工作，先学会这个就够了。"等吩咐他的工作完成后再对他说："这个你已经全部学会了，让我们进行下一项工作。"像这样一步一步地教导，会让新员工体会到自己在一步一步地成长，也会更加积极地去迎接下一个挑战。

但是，也有人将"你先做这些工作就够了，这件事的目的是这个，但你刚开始肯定做不了全部的工作，先学会这个就够了"这句话精简成"你先做这件工作"，等新人完成后再给他添加新的工作，如此循环往复。殊不知，这样做会让新人产生"学会了以后工作就越来越多了，还是不要那么拼命的好"的错觉。

一段时间以后，怀着"想快速成长为一名合格的员工"的想法的员工和怀着"学会了以后工作就越来越多了，还是不要那么拼命的好"的想法的员工之间一定会拉开很大的差距。

当然，海外员工的工资是按工作成果而不是按工作时间支付的，所以想让他们按前面的方法教导员工，应该提高他们的待遇，以激励他们对新员工实施正确的教育方法。

❖ 在体育界，以积极的心态进行锻炼的选手越来越多

最近的体育界选手，如马拉松选手高桥尚子、柔道选手谷亮子、高尔夫选手宫里蓝等，都把锻炼当成一件愉快的事，积极地进行着锻炼。对参加雅典奥运会的日本选手的访谈也给我留下了同样的印象。

我深切感受到提高改善团队的精神状态非常有必要。我们要对年轻的成员说："改善工作虽然很辛苦，但实际成果是非常令人振奋的，会激励你继续做下去。"同时，还可以给他们多举一些这方面的例子，让他们积极地投入到改善活动中。

为体育界培养出很多优秀选手的教练员在这方面做得尤其好。对手无论发生怎样的变化，我们都要一如既往地培养出好的选手、好的团队。

第五节　人才培养——对改善团队的期望

我寄予改善团队的期望是:"希望你们能朝着将现场改造成理想的状态（能对经营作出贡献的现场）的方向努力,坚定自己的信念,不断研制新的生产技术并将其付诸实施。"企业需要那些有技术钻研精神的人,这一点是我的切身体会。

改善团队的成员千万不要成为只会摆弄道理和数据,不肯动脑筋,妄想通过计算来解决问题的人。

下面我想具体阐述一下我对改善团队的期望。

❖ 希望大家谨记：反面教材也是好教材

我读中学的时候曾经被老师罚站,手里还要端着水盆。

我虽然当时觉得很羞耻,但现在回想起来却觉得那是我人生中最宝贵的经历之一。因为那是老师爱的鞭笞,意在告诉我"做了坏事一定会受到惩罚,以后再也不要做坏事了"。而且,这件事也对我身旁的朋友们起到了警示作用,让他们明白千万不能做那样的事。

无论是学生时代还是步入社会之后,我都经常受到他人的叱责。每个人叱责他人的方式都不一样,有大声责骂的,也有怒气冲冲的。

在受人叱责的过程中我也学到了不少东西，所以说反面教材也是好教材，你要从中有所学习和收获。被人叱责时你要认真看待它，而不是一味追究叱责人的责任。

其他企业的失败是反面教材，不幸事件也是反面教材。这样看来，世界上所有的反面教材都是好教材。

当然，我们也需要我们理想中的好教材。

❖ 要注意分辨专家和专业傻瓜

从一个旁观者的角度来看，很容易就能分辨出专家和专业傻瓜的区别，因为总有一些人，他们只会摆弄一些大道理，什么都不做。

例如，那些总是空谈的人喜欢说这样的话：

"专家相信世界上总有更好的方法，他们时刻绷紧神经，努力探索和学习。那些有一技之长的人都属于这一类人。而专业傻瓜总以为自己什么都知道，不愿意听取他人的意见，渐渐变成了一只井底之蛙。"

这时你要问他："那你是专家还是专业傻瓜呢？"这样他才会反省自身，开始变得脚踏实地起来。

改善团队的人要相信世界上总有更好的方法，积极听取所有人的意见，只要是好意见就一定要采纳。

作为咨询顾问，如何鼓起客户企业的干劲儿是我们的重要工作之一。要缩短提出好的建议到客户接受它的时间，这样才能提高我们的生产效率。改善有一个过程周期，我们经常给客户讲专家和专业傻瓜的例子，让他们敞开心胸。此外，因人说法也很重要，要配合对方的节拍，采取相应的对策。

同样地，改善团队在现场实施改善方案时也要谨记这一点。

❖ "要学习他人，而不是学习自己"

这是"信乐陶瓷器"店的某个陶艺家说过的话。

学习他人的长处可以弥补自己的不足，这是一件好事。

但是学习自己（好的地方）只是重复同样的事情，不会有任何进步。

改善团队要有不断追求进步的姿态。

这个道理也适用于企业。很多企业应该都有将过去的成功经验反复复制的经历，例如过去曾引入看板方式，取得了显著成效，但这并不意味着下次出现问题时再引进看板方式就可以了。这一点我希望企业能注意到。

❖ "做一个碗能学到一个知识，而做一百个碗就会有一百个心得"

这是某个银行的前任行长兼陶艺家说过的话。

做一个碗也许会让你学到一个知识，弥补自己的不足，但不会让你有所领悟。

只是重复同样的步骤，也许可以让你做出好的作品，但也不会让你有所领悟（新的发现）。

同样地，每次做作业转换工作时都要确认每个步骤是不是有缺陷，这样你就会发现：做一次作业转换工作可以学到一个知识，而做一百次作业转换工作就会有一百个心得。改善的态度是很重要的，这样想的话，员工就会积极地去改善作业转换工作的每个细节了。

❖ 未达成目标，要谦虚地反省三个因素

大多数企业的改善目标都是根据现场的实际情况制定的，并没有制定得过高。

Niesc 团队进行的 IE 研究会的改善目标也不会制定得过高。

例如，在减少工时数这个问题上，我们会参考在某个时间点"不在工作的人所占比例"和"正在工作的人的动作中的浪费比例"这两个数据以及现场的实际情况来制定目标。当然，也有努力实施改善活动却无法达成目标的时候。

通过这种方式制定的目标却无法达成，其主要原因有三个。

①没有描绘现场的理想状态，不知道该朝哪个方向努力。

②前进的方向是正确的，但不具备改善的"技术、能力"，不知道该怎么具体实施，以致改善活动未能顺利进行下去。这个时候如果换另外一个貌似可行的方法极有可能引导现场走向错误的方向，一定要万分小心。尤其是改善现场的组织结构时，经常会有这种情况发生。

③自认为是好的改善，但没有说服力、执行力和行动力。

企业应该谦虚地反省以上三个因素，弄清楚问题出在什么地方，确保下次能达成目标，并在达成目标的前提下寻找更加高效的改善方法。请牢记，在"效率"上下功夫很重要。

❖ **无论采用哪种方法，都要以优点多缺点少的标准进行衡量**

改善团队的活动目标是减少库存（材料、半成品、成品），在客户要求的过程周期内生产产品，并且提高劳动生产率。因此，现场采用的生产方法必须适合现场需求。

针对现今特别流行的"流动摆摊方式"，我们也要对照这个目标来评价它。如果以"学习过流动摆摊方式"或"貌似可行"为理由引进该方式，那就是本末倒置了。流动摆摊方式只是一种手段，而不是目标，我们要根据它的实际效果（可能是附属效应）来进行评判。

和流动摆摊方式相对的是"流水线方式"。

流水线方式是在比较短的时间内重复（标准）作业，不是熟练工也可以操作。此外，它还有其他的优点，例如将零件运到一个地方即可，即使设备和工具很少也没问题。但是采用流水线方式的话，每个人的操作时间是10秒左右，这样取放等附属操作时间所占比例就大了。因此，这种方式不适合用于短时间（比如几十秒）内就能完成的作业。而且，操作平衡也很难掌握，每个人的等待时间过长会造成不必要的损失。例如，采用流水线方式安装引擎，每个人的操作时间是30秒左右，而车辆安装的最短时间是 1 分钟左右，这种情况下就不适合采用流水线方式了。总之，整个操作周期达到最小要素操作时间的 10~20 倍时才适合采用流水线方式，否则作业效率会很低。此外，将总操作时间不同的产品放在同一条生产线上组装需要切换产品，这样做会造成浪费。

而与此相对的流动摆摊方式是由一个人来操作的，容易掌握平衡，不会产生平衡上的浪费，工序间的等待时间也比较短，容易管理，这些都是它的优点。但是操作者必须精通全部操作，而且要在一定的时间内完成所有操作，为此，操作者必须备齐各种工具以方便操作。因为需要很多设备和工具，企业不得不购置低价的设备。此外，因为要将零件配送到所有的操作者面前，企业还需要在搬运上下功夫。这些都是"流动摆摊方式"需要解决的课题。

如上所述，每种方式都有各自的优点和缺点，这就需要企业去判断采用哪种方式的优点更多，缺点更少，没有十全十美的方法。更重要的是，企业要在了解现有方法的优缺点后思考有没有更好的方法。

❖ **团队成员的工作不是艺术品，无论谁做都要保持稳定性、一致性**

艺术家的目标是制造出其他人无法模仿的、具有独特个性的作品。例如，陶艺家要研究土、釉彩、烧制方法，并将它们结合起来，呕心沥血制作出一件独一无二的作品，这就叫艺品。他们追求的是独特性，让其他人一眼便可以看出是谁的作品。

但是对我们这些从事制造行业的人来说，首先，要保证产品质量的稳定性。如果用陶器来打比方，就是采用固定的土、釉彩和烧制方法制造出一模一样的陶器。

团队成员最重要的工作就是保证产品质量的稳定性和一致性。我在现场经常听到有人说："这个太难了，需要感觉和技能。"为了让所有的操作者拥有同样的感觉和技能，企业需要在夹具上下功夫，需要将生产工序标准化，这是技术员工的工作。

❖ 团队成员要具有找到改善关键点的能力

生产现场需要解决的问题有很多，什么是重要问题，什么问题最迫切需要改善，问题不同，着眼点和推进方法会有很大的不同。

除了安全和质量，我将生产现场的问题和改善点归纳为以下三个。

①订单多，加班多，想要提高产量。

这个时候要关注设备原因，消除可能导致设备停机的因素，缩短设备的运行周期。

②想要缩短过程周期，灵活应对客户订单。

这个时候要关注生产流水线，消除可能导致物品停滞的因素，提升加工和组装的速度。

③为了降低成本，想要提高劳动生产率。

这个时候要关注人员配备，尽量削减流水线上的人员，培养每个员工熟练操作的能力，消除操作动作中的浪费。

改善团队的成员要具备看清"当前最需要的是什么"的能力，即找到改善关键点的能力。只有弄清楚亟待解决的问题，才能决定应该实施什么样的措施。

❀ 具备在计算操作周期（最短作业时间）时发现不必要的操作动作的能力

操作周期的计算方法一般采用"准备、开始"的方式。采用这个方式不但谁都可以测定，而且不同的人测出来的数据差值也很小。但是如果一个人想要测定多个人，效率就会很低，因为一次只能测量一个人，且每次都要重新隔开，这就带来了生产效率的低下。

丰田生产方式中有一条是：对一个人连续测10次，取最短值。但用这个方法效率也不高，因为要测10次，而且操作周期出现最短值时的员工操作方式是否标准也容易被质疑。

我一般用下面这个方式计算操作周期，希望大家能够参考。

仔细观察一个周期内的操作动作，如果没有问题就采用这个测定值，如果出现问题（如掉落零件）就将扣除出现问题的时间后的整个操作时间作为操作周期。可以根据不同的现场情况采取适当的对策，如果放零件的箱子比平时远就减去一部分时间，如果比平时近就加上一部分时间。加减的时间以手移动的距离为标准，每10厘米减去0.1秒。这样就不用给每个人测

10次了。

总之，时间是由动作决定的。改善团队的成员需要有看出不必要的操作动作的能力。只要具备了这个能力，一次便可以计算出操作周期。这个能力要通过长期使用VTR（磁带录像机）进行动作分析才能具备。希望改善团队的成员能在这方面多下功夫。

第六节　推进改善的实施，对管理模式进行探索

下面我想阐述一下自己在推进改善工作时对管理模式的一些思考。

❖ **全心全意为客户提供好的产品和服务是企业经营者、管理者、员工三者共同的使命**

日本企业一般根据劳动时间来支付员工工资，最近却有了根据工作成果来支付工资的制度（如引进的裁量劳动制等制度），这种多样的劳动结算方式今后还会增加，也会有越来越多的人产生"工作究竟是什么"的疑问。

工作是做上司吩咐的事还是做对公司有益的事，抑或是做对客户有益的事？我认为是做对客户有益的事。当然，这三者能取得一致是最好的了。但是最近经常能听到各种不幸的事件，看来很多时候这三者之间都是存在差别的。

我深知要求经营者、管理者和员工本人在理解"对客户有益的工作究竟是什么"的基础上开展工作是多么困难，又是多么必要。

❖ "付诸行动"能改造思想

发生问题时,通常多会理解为员工思想上的问题。例如,发生产品质量不合格的现象时,管理者经常会想:"那家伙是怎么工作的?"把问题原因归到员工思想的问题上。有的上司甚至会把犯了错误的员工叫来,臭骂一顿,而被责骂的人只能说"对不起"或者"下次再也不犯了"等托词。

但是这样的事情还会再次发生,不会有好转的迹象,其他人也会开始犯同样的错误。

强调员工的思想问题绝不是坏事,但是责骂要做到对事不对人,要问"为什么会出现这样的事情"。我认为采取具体的措施能转变员工的思想。上司要教导员工:"要反复问五次'为什么'来寻找问题的本质原因,防止问题再次发生。"让这种做法变成他们的习惯。经营者和管理者要亲自前往生产现场,亲自去看、去听、去思考,然后实施对策。我希望企业的经营者和管理者们能起到一个表率作用。

❖ 决不允许三个"一味"

三个"一味"是指"上司一味地说""下属一味地听""员工一味地蛮干"。

上司(经营者和管理者)出于问题,会对下属和现场员工陈述自己的意见,传达指示。上司比较热衷于"说",对问题跟踪却不太热心。其实,问题跟踪更加重要。如果不做问题跟踪,下属只会一味地听而不付诸实施，或者即使实施了，也会在明知道达不成目标的情况下一味地蛮干下去。

下面我想说一下丰田的经验。大野耐一先生经常给我们布置严格的任务（如将作业转换时间缩短到 3 分钟以内），然后一定会检查任务的完成情况，这给我们增加了要完成任务的紧迫感。如果未能完成目标，大野耐一先生会和我们一起思考改善措施。"上司一味地说""下属一味地听""员工一味地蛮干"是要不得的。

❖ 为提高生产效率，必须进行改善

我们必须考虑投入的能源和收到的成效之间的比率。

企业聘用顾问也是从费用和效果的比率来考虑的，通过比较它们来决定是选择一个顾问，还是不聘请顾问。对改善团队的员工的价值评价也是如此，要看他们为现场的效率提高所作的贡献，这是他们的价值所在。

所以，企业要按员工半年或一年内给现场效率带来的总的提高来评判员工的工作业绩。把上司吩咐好的事情认真做好了就要给予表扬，稍微有点过失就过多减分的做法是不对的。

如果上司交付给下属的工作本身对提高生产效率的帮助不大，则可以说是上司阻碍了现场的生产效率的提高。上司应该常常思考自己交给下属的工作是否能显著提高生产效率。

总之，要把力气用在能给企业带来最大收益的工作上。

❖ **更加重视提高绝对水平**

自律机制最近很流行,将自己的企业和世界顶尖企业相比较,根据差距决定自己的企业达到了什么样的水平,这是管理的一种方式,有其意义所在,也有显著效果。

但是对以改善作为本职工作的我们来说,相对于比较,更应该重视要怎样提高企业的绝对水平。

Nisec 团队举办 IE 实践研究会也是为了这个目的。企业要有提高绝对水平的意识,仅凭自律机制,不但会阻碍企业绝对水平的提高,还会使员工渐渐丧失创新精神。

首先要将企业的某一领域提高到世界顶级水平,然后再横向展开,这是企业管理者义不容辞的工作。

❖ **推行准时生产方式,必须拥有充裕的设备及恰到好处的人和物**

大野耐一曾在公司内部杂志上写过这么一段话:"齿轮太紧会着火,太松则会发出噪声,所以掌握一个度是非常重要的。但是做到恰到好处太难了,这个度如果太宽松了,就会造成浪费。"

如果解释他这句话,意思就是:"即使尽量不让操作中有多余的东西产生,也还是会有多余的东西产生。如果把多余看作一种必需,允许适当的多余出现,那么多余的东西就会比预想的还要多。我们无法从一开始就知道需要多少富余的东西,只

第五章　改善的推进方法

有当这个富余的东西减少到一定程度的时候，我们才能意识到它的必要性。"

当然，要将现场的资源——人、物和设备都控制在恰到好处的水平，我们就一定要像走钢丝一样小心翼翼。企业一定要尽量避免设备投资，把设备量控制到刚刚好的水平，但是这样做会导致加班和临时加班增多，甚至还会出现给客户带来麻烦的状况。

因此，企业还要充分利用设备，让机器来等人。但是这样做也有一个问题，那就是在机器面前等待的人会觉得不耐烦，做一些不必要的操作或关闭机器。此外，由于不愿意在机器前等待，员工通常会慢悠悠地在刚刚好的时间才来到机器前面。这样时间一长，他们就养成了慢节奏的工作习惯，一旦生产步入正常速度，他们就会赶不上，让企业误以为是员工人数不够，一味增加人手，陷入恶性循环。

因为控制了设备的数量，为了防止出现生产滞后、无法按时交货的情况，有些企业积压了许多成品和材料。但是他们忽视了控制人和物的数量。

为了在高负荷时也能推行准时生产，我认为可以让设备有些富余，如果设备不足，可以通过改善让它变得富余起来，如果设备能力有富余，即使出现生产滞后的现象也可以挽回。同时，人和物要控制得恰到好处，而且要改善人和物的配备情况以减少成本。如上所述，要提高准时生产的劳动生产率，就需要改善设备动作，具备这个能力是非常重要的。

提高劳动生产率，减少库存，缩短过程周期，在最恰当的时间向客户供货，这是高效率的经营方式（表5-1）。

表 5-1　人、物、设备的理想状态

	一般的生产	准时生产
人	富余	正好
物	富余	正好
设备	正好	富余

❖不聘用一个不必要的人员，这是企业经营的基本

丰田汽车公司在1950年的劳动争议中曾公开声明："不再解雇员工。"但是不解雇人员只是一种手段，为了实现这个诺言，必须做到"不聘用一个不必要的人员"。

争议结束后，因为朝鲜战争的爆发，汽车需求猛增，但丰田咬牙硬撑着没有增加员工，连大野耐一都说："我也来加入流水线。"因为人手不足，需要进行改善，改善的这一部分可以算作企业额外的收入。就这样，丰田为了不再解雇员工，最终也没有增加人员。

在泡沫经济时代，国外经常有这样的议论，说日本的经济之所以迅猛发展，是日本人过度工作的结果。不解雇员工和不多聘用员工本是互为因果的，但是企业由于担心受到谴责，在能聘用员工的时候就尽量多地聘用了员工，结果在泡沫经济崩溃后的长时间的经济低迷期，很多企业不得不大量裁员。

企业每个月都要根据生产量来决定需要配备多少人员，生产量减少的部门可以将多出来的人员调到生产量增多的部门里，这样就不用额外聘用人员了。

每个企业都要做到为增产来安排人员，减产的时候也不轻易减少人员，只有到最紧要的关头才进行人员大调整。因此，企业根据日常的工作量对人员进行管理是非常重要的。

企业要控制正式员工的人数，可以按照能想到的企业最小的生产量来决定这个数字。但因为实际的需要可能比能想到的还要小，所以最好将企业能想到的最小的生产量再减去两成。如果需要更多的员工，可以通过雇用临时工来解决。

虽然雇用临时工比雇用正式员工成本要低，但过多地雇用临时工对企业未来的发展不利，因为培养掌握丰富技术、能进行改善工作的员工很重要，这样才能提高企业的生产能力。所以，企业一定要保证持有最小的正式员工的人数。

未来工资的支付方式可能要从按劳动时间支付转化为按工作成果支付，这样正式员工和临时工的工资差别就消除了。确实，现在使用临时工可以节省由企业负担的工资以外的保险金、退休金等社会保障费用，但是过量雇用临时工会造成严重的社会问题。

❖ 对如何灵活利用临时工的思考

有时间限定的临时工会定期更换，怎样才能在新人初来现场时也能保证原来的高劳动生产率呢？

临时工刚来时通常企业要对他们进行培训，这样就占用了正式员工的时间，即使减去临时工的工作业绩，总的生产效率也会降低，直到半个月甚至一个月之后生产效率才会提高。而且，临时工更换往往很频繁，有的人坚持一周、两周就辞职不干了，这对企业来说是得不偿失的。

所以，企业今后一定要确保临时工在短时间内能熟悉工序，将一些简单的操作（如塑料模型的组装等工序）集中起来作为一个人的工作量。

临时员工适应以后，可以考虑将他转移到其他工序，由新来的临时工接替他的工作。这种管理方式可以维持、提高劳动生产率，是不可或缺的管理手段。此外，让临时工具备正式员工的意识也很重要。管理者要通过谈话了解临时工的兴趣和个性，让他早日融入集体，培养他的集体荣誉感。

今后，企业员工都将由正式员工和非正式员工组成，因此企业要采取对策从工作和精神两方面强化现场的生产能力。总之，一定要在现场设立一个新人工序，以便新人能立即进入工作状态。同时，要注意培养临时工的集体荣誉感。

管理者要根据临时工的不同特点灵活利用。从操作技能和工作时间的弹性两方面进行比较，可以得到下面的结果（表5-2）。

第五章　改善的推进方法

表 5-2　员工的一般特性

	操作技能	工作时间的弹性
正式员工	○	△（稍有不足）
兼职员工	○	×（不足）
短期员工	△	○（足够）
临时工	○	△（稍有不足）

注：根据各地区、各公司的聘用条件会有所不同。

①正式员工：操作技能是○，但是从工作时间的弹性来说，只有加班时间是可支配的。

②兼职员工：如果对他们进行培训，他们的能力也能达到○，但工作时间没有弹性。

③短期员工：需要较长时间的培训，但是随时都可以聘用，所以工作时间的弹性是○。

④临时工：工作能力和兼职员工一样，虽然在工作时间上有一定的限制，但工作时间的弹性比较灵活，所以是△；企业要考虑的是搬运费用和过程周期有可能增加。

工作时间是否有弹性很难掌控，但企业可以从操作技能方面考虑灵活雇用临时工。

以上，我就推进现场改善、改革时企业需要具备怎样的文化和精神面貌叙述了一下自己的意见。这是我长期思考和实践得出的经验，如果能对各位管理者有所帮助，那将是我最大的荣幸。

写在最后

在提笔写本书之前，我一直在想如何将自己从事至今的顾问工作和讲演中的所得所感写成一本书。然而真正动笔写之后，我发现它比我想象的还要困难，因为这是我第一次写书，还毫无经验。此外，我还要考虑读者的立场和能对读者有什么样的帮助，考虑得越多越不知道该把什么地方作为重点，整本书的结构又该如何设置。

因此，我对这本书是否能得到读者的肯定深感不安。

本书中建议的交付设计旨在在交货期上满足客户需求。它不仅能在经营方面帮助企业，还能对企业生产制造功能的强化起到很大的作用。

我希望除了制造业之外，从事服务业等所有其他行业的企业经营者和管理者以及团队成员都能读一读这本书。我希望它能对各位今后的企业经营有所帮助。

现在企业间的竞争全球化趋势越来越明显，竞争也越来越激烈。我希望企业在竞争中遭受打击的时候，能从本书中得到些许提示。

最后，祝更多的企业能在全球化竞争的舞台上取得胜利。为此，让我们一起思考并采取实际行动吧！

中山清孝

"精益制造"专家委员会

齐二石　天津大学教授（首席专家）

郑　力　清华大学教授（首席专家）

李从东　暨南大学教授（首席专家）

江志斌　上海交通大学教授（首席专家）

关田铁洪（日本）　原日本能率协会技术部部长（首席专家）

蒋维豪（中国台湾）　益友会专家委员会首席专家（首席专家）

李兆华（中国台湾）　知名丰田生产方式专家

鲁建厦　浙江工业大学教授

张顺堂　山东工商大学教授

许映秋　东南大学教授

张新敏　沈阳工业大学教授

蒋国璋　武汉科技大学教授

张绪柱　山东大学教授

李新凯　中国机械工程学会工业工程专业委会委员

屈　挺　暨南大学教授

肖　燕　重庆理工大学副教授

郭洪飞　暨南大学副教授

毛少华　广汽丰田汽车有限公司部长

金　光	广州汽车集团商贸有限公司高级主任
姜顺龙	中国商用飞机责任有限公司高级工程师
张文进	益友会上海分会会长、奥托立夫精益学院院长
邓红星	工场物流与供应链专家
高金华	益友会湖北分会首席专家、企网联合创始人
葛仙红	益友会宁波分会副会长、博格华纳精益学院院长
赵　勇	益友会胶东分会副会长、派克汉尼芬价值流经理
金　鸣	益友会副会长、上海大众动力总成有限公司高级经理
唐雪萍	益友会苏州分会会长、宜家工业精益专家
康　晓	施耐德电气精益智能制造专家
缪　武	益友会上海分会副会长、益友会/质友会会长

东方出版社

广州标杆精益企业管理有限公司

东方出版社助力中国制造业升级

书　名	ISBN	定　价
精益制造 001：5S 推进法	978-7-5207-2104-2	52 元
精益制造 002：生产计划	978-7-5207-2105-9	58 元
精益制造 003：不良品防止对策	978-7-5060-4204-8	32 元
精益制造 004：生产管理	978-7-5207-2106-6	58 元
精益制造 005：生产现场最优分析法	978-7-5060-4260-4	32 元
精益制造 006：标准时间管理	978-7-5060-4286-4	32 元
精益制造 007：现场改善	978-7-5060-4267-3	30 元
精益制造 008：丰田现场的人才培育	978-7-5060-4985-6	30 元
精益制造 009：库存管理	978-7-5207-2107-3	58 元
精益制造 010：采购管理	978-7-5060-5277-1	28 元
精益制造 011：TPM 推进法	978-7-5060-5967-1	28 元
精益制造 012：BOM 物料管理	978-7-5060-6013-4	36 元
精益制造 013：成本管理	978-7-5060-6029-5	30 元
精益制造 014：物流管理	978-7-5060-6028-8	32 元
精益制造 015：新工程管理	978-7-5060-6165-0	32 元
精益制造 016：工厂管理机制	978-7-5060-6289-3	32 元
精益制造 017：知识设计企业	978-7-5060-6347-0	38 元
精益制造 018：本田的造型设计哲学	978-7-5060-6520-7	26 元
精益制造 019：佳能单元式生产系统	978-7-5060-6669-3	36 元
精益制造 020：丰田可视化管理方式	978-7-5060-6670-9	26 元
精益制造 021：丰田现场管理方式	978-7-5060-6671-6	32 元
精益制造 022：零浪费丰田生产方式	978-7-5060-6672-3	36 元
精益制造 023：畅销品包装设计	978-7-5060-6795-9	36 元
精益制造 024：丰田细胞式生产	978-7-5060-7537-4	36 元
精益制造 025：经营者色彩基础	978-7-5060-7658-6	38 元
精益制造 026：TOC 工厂管理	978-7-5060-7851-1	28 元

书　名	ISBN	定　价
精益制造 027：工厂心理管理	978-7-5060-7907-5	38 元
精益制造 028：工匠精神	978-7-5060-8257-0	36 元
精益制造 029：现场管理	978-7-5060-8666-0	38 元
精益制造 030：第四次工业革命	978-7-5060-8472-7	36 元
精益制造 031：TQM 全面品质管理	978-7-5060-8932-6	36 元
精益制造 032：丰田现场完全手册	978-7-5060-8951-7	46 元
精益制造 033：工厂经营	978-7-5060-8962-3	38 元
精益制造 034：现场安全管理	978-7-5060-8986-9	42 元
精益制造 035：工业 4.0 之 3D 打印	978-7-5060-8995-1	49.8 元
精益制造 036：SCM 供应链管理系统	978-7-5060-9159-6	38 元
精益制造 037：成本减半	978-7-5060-9165-7	38 元
精益制造 038：工业 4.0 之机器人与智能生产	978-7-5060-9220-3	38 元
精益制造 039：生产管理系统构建	978-7-5060-9496-2	45 元
精益制造 040：工厂长的生产现场改革	978-7-5060-9533-4	52 元
精益制造 041：工厂改善的 101 个要点	978-7-5060-9534-1	42 元
精益制造 042：PDCA 精进法	978-7-5060-6122-3	42 元
精益制造 043：PLM 产品生命周期管理	978-7-5060-9601-0	48 元
精益制造 044：读故事洞悉丰田生产方式	978-7-5060-9791-8	58 元
精益制造 045：零件减半	978-7-5060-9792-5	48 元
精益制造 046：成为最强工厂	978-7-5060-9793-2	58 元
精益制造 047：经营的原点	978-7-5060-8504-5	58 元
精益制造 048：供应链经营入门	978-7-5060-8675-2	42 元
精益制造 049：工业 4.0 之数字化车间	978-7-5060-9958-5	58 元
精益制造 050：流的传承	978-7-5207-0055-9	58 元
精益制造 051：丰田失败学	978-7-5207-0019-1	58 元
精益制造 052：微改善	978-7-5207-0050-4	58 元
精益制造 053：工业 4.0 之智能工厂	978-7-5207-0263-8	58 元
精益制造 054：精益现场深速思考法	978-7-5207-0328-4	58 元
精益制造 055：丰田生产方式的逆袭	978-7-5207-0473-1	58 元

书　名	ISBN	定　价
精益制造056：库存管理实践	978-7-5207-0893-7	68元
精益制造057：物流全解	978-7-5207-0892-0	68元
精益制造058：现场改善秒懂秘籍：流动化	978-7-5207-1059-6	68元
精益制造059：现场改善秒懂秘籍：IE七大工具	978-7-5207-1058-9	68元
精益制造060：现场改善秒懂秘籍：准备作业改善	978-7-5207-1082-4	68元
精益制造061：丰田生产方式导入与实践诀窍	978-7-5207-1164-7	68元
精益制造062：智能工厂体系	978-7-5207-1165-4	68元
精益制造063：丰田成本管理	978-7-5207-1507-2	58元
精益制造064：打造最强工厂的48个秘诀	978-7-5207-1544-7	88元
精益制造065、066：丰田生产方式的进化——精益管理的本源（上、下）	978-7-5207-1762-5	136元
精益制造067：智能材料与性能材料	978-7-5207-1872-1	68元
精益制造068：丰田式5W1H思考法	978-7-5207-2082-3	58元
精益制造069：丰田动线管理	978-7-5207-2132-5	58元
精益制造070：模块化设计	978-7-5207-2150-9	58元
精益制造071：提质降本产品开发	978-7-5207-2195-0	58元
精益制造072：这样开发设计世界顶级产品	978-7-5207-2196-7	78元
精益制造073：只做一件也能赚钱的工厂	978-7-5207-2336-7	58元
精益制造074：中小型工厂数字化改造	978-7-5207-2337-4	58元
精益制造075：制造业经营管理对标：过程管理（上）	978-7-5207-2516-3	58元
精益制造076：制造业经营管理对标：过程管理（下）	978-7-5207-2556-9	58元
精益制造077：制造业经营管理对标：职能管理(上)	978-7-5207-2557-6	58元
精益制造078：制造业经营管理对标：职能管理(下)	978-7-5207-2558-3	58元
精益制造079：工业爆品设计与研发	978-7-5207-2434-0	58元
精益制造080：挤进高利润医疗器械制造业	978-7-5207-2560-6	58元
精益制造081：用户价值感知力	978-7-5207-2561-3	58元
精益制造082：丰田日常管理板：用一张看板激发团队士气	978-7-5207-2688-7	68元
精益制造083：聚焦用户立场的改善：丰田式改善推进法	978-7-5207-2689-4	58元

书　名	ISBN	定　价
精益制造084：改善4.0：用户主导时代的大规模定制方式	978-7-5207-2725-9	59元
精益制造085：艺术思维：让人心里一动的产品设计	978-7-5207-2562-0	58元
精益制造086：交付设计	978-7-5207-2986-4	59.8元

图字：01-2022-5098 号

JIKIDEN TOYOTA HOSHIKI
by Kiyotaka Nakayama
Copyright © 2005 by Kiyotaka Nakayama
Simplified Chinese translation copyright © 2022 by Oriental Press
All rights reserved.
Original Japanese language edition published by Diamond, Inc.
Chinese translation rights arranged with Diamond, Inc.
through Hanhe International (HK) Co., Ltd.

图书在版编目（CIP）数据

交付设计／（日）中山清孝 著；周迅 译. —北京：东方出版社，2022.12
（精益制造；086）
ISBN 978-7-5207-2986-4

Ⅰ.①交… Ⅱ.①中… ②周… Ⅲ.①丰田汽车公司—工业企业管理—生产管理
Ⅳ.①F431.364

中国版本图书馆 CIP 数据核字（2022）第 173303 号

精益制造 086：交付设计
(JINGYI ZHIZAO 086：JIAOFU SHEJI)

作　　者：	[日] 中山清孝
译　　者：	周　迅
责任编辑：	吕媛媛
责任审校：	金学勇　孟昭勤
出　　版：	东方出版社
发　　行：	人民东方出版传媒有限公司
地　　址：	北京市东城区朝阳门内大街 166 号
邮　　编：	100010
印　　刷：	万卷书坊印刷（天津）有限公司
版　　次：	2022 年 12 月第 1 版
印　　次：	2022 年 12 月第 1 次印刷
开　　本：	880 毫米×1230 毫米　1/32
印　　张：	7.5
字　　数：	149 千字
书　　号：	ISBN 978-7-5207-2986-4
定　　价：	59.80 元

发行电话：(010) 85924663　85924644　85924641

版权所有，违者必究

如有印装质量问题，我社负责调换，请拨打电话：(010) 85924602　85924603